D1696294

# MES
# P'TITS
# jeux
## pour
# bébé

Catherine Wrobel

Mes
P'TITS
jeux
pour
bébé

Ixelles éditions

Directrice de collection : Sophie Descours

© 2012 Ixelles Publishing SA
Ixelles éditions est une division de Ixelles Publishing SA

Tous droits de traduction, de reproduction
et d'adaptation réservés pour tous pays.

ISBN 978-2-87515-139-1
D/2012/11.948/140
Dépôt légal : 1er trimestre 2012

Ixelles Publishing SA
Avenue Molière, 263
B-1050 Bruxelles

E-mail : contact@ixelles-editions.com
Site internet : www.ixelles-editions.com

# Avant-propos

Si vous avez acheté ce livre, c'est que l'éveil de votre enfant vous occupe ou vous préoccupe. Vous voulez bien faire et l'aider à s'épanouir.

Comme tous les parents, vous observez avec ravissement chacun de ses progrès. Mais parfois, vous les comparez avec un peu d'inquiétude avec les évolutions des autres enfants qui vous entourent, qu'il s'agisse de ses petits copains de la crèche, d'un cousin, voire de son frère ou sa sœur qui, selon vous, se montrent plus dégourdis. Et vous voilà déjà inquiet de ses performances : « Édouard ne marche pas encore », « Gaston ne dit toujours pas un mot », « Fantine n'aime pas dessiner » ou « est nulle en puzzles ». Ces comparaisons vous empoisonnent et remettent en cause vos compétences de parents : « Je n'ai pas su faire », « je ne le stimule pas assez », « je ne joue pas assez avec lui ». Stop ! Pas de panique.

En trois ans, les bébés doivent passer de l'inertie du

nourrisson complètement dépendant de son entourage à l'état d'enfant sachant parler, comprendre, découvrir et décoder l'univers physique, social et affectif qui l'entoure, utiliser son corps jusqu'à maîtriser la propreté. Ce n'est pas rien, et si on y regarde de plus près, la tâche est même énorme. Tous les bébés sont de petits champions qui au cours d'une seule journée en apprennent bien plus que nous, les adultes. Un petit de 2 ans intègre le sens d'un nouveau mot par heure, essayez donc d'en faire autant ! Aussi, admettez que votre enfant puisse avoir son rythme particulier et ses préférences pour progresser, ne cédez pas à la tentation de la performance, ne consultez pas avec frénésie et anxiété ces ouvrages qui vous disent qu'à tel âge, votre enfant est supposé faire ceci ou cela. Le pédiatre veille à son bon développement, connaît les signes d'un réel retard et saura vous les signaler, le cas échéant…

C'est exactement pour cette raison que ce livre ne vous parlera que très peu en termes d'âge. Notre choix est de baser nos jeux sur les compétences déjà acquises de votre enfant, quel que soit son âge. Bien sûr, nous suivons la progression logique de l'évolution de tous les bambins. De page en page, vous le verrez grandir et faire de nouvelles découvertes, mais nous ignorons volontairement les précisions d'âge, sachant que tel enfant va sourire à 2 mois et un autre à 3 mois passés, que l'une va s'asseoir à 5 mois et une autre à 8 mois ou plus. C'est tout à fait intentionnel de notre part. Ce qui est important n'est pas l'âge réel de votre enfant, mais ce qu'il sait faire. Chaque acquisition peut varier de quelques semaines dans le tout premier âge à quelques mois par la suite. Il y a des zébulons sur le plan psychomoteur, des enfants très parleurs, des petits pères tranquilles qui vont sur leur chemin lentement et assurément. « Éduquer, c'est aider l'enfant à épanouir ses potentialités », affirmait le psychanalyste Erich Fromm.

Inutile d'adopter un esprit de « compète », votre bébé est unique, mais il n'est pas une bête de concours, il a besoin de grandir et de découvrir le monde à son rythme. Quand on sait que la marche s'acquiert entre 9 et 18 mois, qu'un enfant né prématurément peut avoir besoin de temps pour récupérer de sa naissance précoce, qu'un petit souffrant d'un handicap n'acquerra jamais certaines compétences mais en développera d'autres avec beaucoup plus d'acuité, on comprend que le niveau d'acquisitions est bien plus déterminant que l'âge.

C'est bien parce nous savons que chaque enfant est unique que nous avons fait ce choix, même si nous avons mis quelques repères de temps en temps et en fin d'ouvrage pour la clarté de notre propos. Mais tout âge est à lire précédé de la mention « environ ». Et en effet, c'est à environ 3 ans que tous les enfants sauront marcher et courir, parler avec aisance, manger et s'habiller seul et être propres, toutes compétences qui les rendent aptes à découvrir le monde scolaire.

Jouer est une activité très importante pour un bébé, car au-delà de son aspect ludique, le jeu est son moyen pour explorer le monde. Bien que le mot n'ait pas une vraie signification pour lui, le petit met dans le jeu toute l'attention, la concentration et le sérieux que nous mettons à notre travail. Vous avez donc raison de prendre très au sérieux cette activité. Mais le sérieux n'exclut pas le plaisir, bien au contraire. C'est par le plaisir qu'il prend au jeu qu'un enfant va progresser. C'est pourquoi, non seulement il faut tenir compte de ses compétences réelles, mais aussi de ses préférences. Très vite, bébé va avoir les siennes, telle couleur, tel bruit, telle sensation tactile, telle activité. Et c'est bien au travers de ce qui l'attire et l'intéresse que votre enfant va pouvoir évoluer vers son autonomie.

La tendance actuelle chez les parents attentifs serait plutôt de sur-stimuler leurs bébés et de les épuiser sous leurs désirs et injonctions. Le jeu est un plaisir et non une obligation, il est souvent très bien improvisé par l'enfant lui-même qui apprécie que vous contempliez ses efforts sans pour autant avoir besoin que vous vous mêliez sans cesse à son activité. Spontanément, il a plein d'idées de jeux. Ceci n'empêche pas d'en proposer d'autres, ce livre vous offre des tas de possibilités pour étoffer une batterie de distractions qui va vous permettre de comprendre les enjeux des activités ludiques de votre enfant et vous offrir la possibilité d'élargir la palette de ses inventions spontanées. « Je ne sais pas jouer avec mon enfant » s'attristent de nombreux parents, ignorant qu'ils jouent souvent avec lui sans même s'en rendre compte, ne serait-ce qu'en le chatouillant ou en lui parlant. En outre, jouer est un savoir qu'on peut redécouvrir auprès d'un bébé. Car pour lui, tout est jeu. Découvrir, sentir, toucher, observer, entendre est jeu, le tout-petit est dans une disponibilité totale et le jeu commence avec sa vie sans qu'il s'en soucie. Tout bébé, si on ne l'en empêche pas, sait jouer. Ce n'est pas l'adulte qui va le lui apprendre. Vous allez bien sûr en tant que parents lui enseigner une foule de choses, mais l'expert dans le domaine du jeu, c'est lui !

Vous pourrez lui montrer comment monter une tour avec des cubes et lui signaler tous les dangers qui le guettent, mais jouer, pour un enfant en bonne santé et bien nourri, est une activité spontanée et naturelle. Inutile donc d'être tout le temps après lui, vous n'êtes ni son clown de service, ni son professeur, ni un animateur chargé de ses loisirs, vous êtes ce qui lui est le plus indispensable à son âge : son parent.

Ce livre est aussi conçu pour vous procurer des pistes pour apprécier le bonheur de jouer ensemble. Toutefois, songez que le plus souvent, votre enfant jouera seul avec le plus grand plaisir. Il a son petit univers à lui, son envie de grandir qui le pousse en avant, un esprit de découverte étonnant qui va nourrir sans cesse ses jeux. Il n'a pas envie de jouer avec vous constamment. Quelques minutes par jour peuvent tout à fait suffire à son bonheur. Certains enfants sont plus demandeurs que d'autres, mais pour ceux-là, il faut veiller à les amener doucement à des moments de jeux solitaires. Toutes les idées qui émaillent cet ouvrage vous permettront d'y parvenir et feront de vous une force de proposition.

Certains jeux se pratiquent à deux, en famille, avec des copains, mais la plupart ne demandent qu'à être présentés à l'enfant en lui laissant toute latitude d'adhérer ou non à ce que vous lui proposerez. Vous lui imposez déjà beaucoup de choses : horaires, habillement, repas, alors, laissez-lui ce domaine qui est le sien, accompagnez sans diriger, soyez attentif sans contraindre. Il n'est pas nécessaire d'être riche pour gâter son enfant. Il suffit de penser à lui. Votre maison est déjà pleine de jeux. Un ruban, un gros carton, une cuiller en bois, une casserole sont des jouets à portée de main, si vous respectez les règles de sécurité de base.

Voilà pourquoi nous mettons en valeur dans ce livre toutes sortes de jeux basés sur trois fois rien. Les jouets modernes sont très performants, mais il n'est pas nécessaire de les avoir tous, nous avons tâché de mettre en avant les plus adaptés à chaque étape de la vie de l'enfant, pour vous guider dans vos achats, mais il est inutile de transformer la chambre d'un bébé en caverne d'Ali Baba, l'abondance et le désordre nuisent à ses capacités de jouer et la sophistication de certains jouets bride son imaginaire. Regarder votre enfant jouer peut vous apprendre une chose merveilleuse que les contraintes de votre vie vous ont peut-être fait oublier : se livrer au plaisir de l'instant et de l'échange. Observez comme il est sérieux, tout entier à ce qu'il fait, dans le plaisir absolu de cet instant vivant, et régalez-vous de ce bonheur.

# il s'éveille

Bébé vient d'arriver. Il dort beaucoup, il pleure quand il a faim et,
à peine nourri, il se rendort… Hors des réflexes archaïques que sont
la succion et la préhension, il paraît assez inactif. Jouer avec lui
peut paraître impossible. Et pourtant… Vous allez le voir chaque
jour faire des progrès. Un petit sourire qui s'esquisse à peine puis
s'échange franchement, un regard vague qui devient profond et
fixe nettement votre visage, une petite main qui s'agrippe fort à
tout ce qu'elle trouve puis attrape… Une formidable exploration
du monde est déjà en marche. Oui, vous pouvez déjà jouer avec ce
bébé. Ôtez-vous de l'esprit qu'il ne sait rien faire, car déjà, tous
ses sens sont en éveil, déjà il observe et retient des informations.

# je découvre mon univers

## Comment s'y prend bébé ?

Un nourrisson découvre son environnement par la vue, l'audition, le toucher, l'odorat. Dans sa compréhension des choses, le monde est encore confus, tout s'interpénètre, il ne se distingue pas encore de sa mère, n'a pas la notion de son propre corps et encore moins de son individualité, mais il ressent le froid, la faim, la fatigue, la soif, la chaleur. Il absorbe tout comme une éponge : votre joie, votre fatigue, votre anxiété et l'agitation alentour. Dès que son regard se précise, il observe tout, il entend, a des sensations tactiles et, peu à peu, il reconnaît le pas de celui ou celle qui vient vers lui, le visage de celui ou celle qui se penche sur lui, les objets qui reviennent et s'en vont. Observez-le bien… de jour en jour, vous allez le voir apprendre et comprendre avec de plus en plus d'acuité une foule de choses. À quoi peut-on jouer avec ce petit d'homme en apparence si inerte ? À plein de petits jeux fort simples, rappelez-vous que pour un enfant, le jeu est le mode plaisant de la

**Paroles de bébé**

《 *Fais attention à moi !* 》 *Tout ce que vous lui mettez en main ou à sa portée ne doit pas comporter de petits éléments détachables et susceptibles d'être avalés ou de le blesser.*

découverte du monde qui l'entoure et, précisément, le tout-petit a tout à découvrir. Beau programme, non ?

Pour lui, tout ce qui se voit, se sent, s'écoute est donc jeu. Un petit bébé, on le promène partout dans ses bras, on lui présente la maison, on lui montre les objets, on lui nomme tout, c'est ainsi qu'on l'éveille. Les jeux avec lui sont certes très élémentaires, mais néanmoins très satisfaisants, car ses progrès sont visibles d'un jour à l'autre.

## L'ÉCOLE DE L'OBSERVATION

Un tout petit voit à une distance de d'environ 15 à 30 cm, mais son champ de vision va vite s'élargir. Dès les premiers jours, il mange littéralement votre visage des yeux. Son acuité visuelle est faible (1/20 à la naissance) mais va sans cesse évoluer jusqu'à ses 10 ans. En quelques semaines, il pourra suivre du regard les personnes qui l'entourent et qu'il va reconnaître, mais aussi les objets que vous mettrez à la portée de ses yeux et d'ici une année, il pourra suivre des déplacements rapides. Un de ses premiers jeux sera de contempler ses mains, qui bougent en dehors de tout contrôle et génèrent des tas de surprises. Ainsi, bébé prend connaissance de son environnement immédiat.

• Dans vos bras, bébé scrute vos yeux et votre bouche. Souriez-lui, faites-lui des grimaces et toutes sortes de mimiques. Pour lui, c'est un petit théâtre qu'il va contempler sans se lasser. Il va peut-être imiter certaines de vos grimaces, le pédiatre Terry Brazelton tirait la langue aux nourrissons pour les inciter à en faire autant. Imitez, vous aussi, ses expressions faciales. C'est un échange…

• Déplacez lentement votre visage tout proche du sien, les yeux dans les yeux, pour inciter son regard à vous suivre. Pour le tout-petit, le plus intéressant des « jouets » est votre visage.

• Après le repas, présentez-lui un objet à une vingtaine de centimètres des yeux, et faites-lui décrire un arc lentement. Au bout de quelques semaines, il saura suivre sa trajectoire du regard, et plus tard, il orientera sa tête pour le conserver dans son champ de vision.

• Il est fasciné par les contrastes, plus que par les couleurs qu'il ne distingue pas encore bien. Une forme géométrique blanche collée sur une feuille noire attirera vivement son attention. Il existe des livres avec des objets et des figurines présentés comme des ombres chinoises.

L'ÉCOLE DE L'ÉCOUTE

En quelques semaines, il apprend à répondre à votre sourire et comprend peu à peu ce mode d'échange primaire : tu me souris, je te souris. Dans trois à quatre mois, il saura attirer votre attention par de petits cris de joie et signifier ce qui lui plaît de ce qui lui déplaît. Il faudra encore attendre pour entendre ses premières vocalises, mais il n'est pas trop tôt pour susciter l'échange verbal. C'est ainsi que vous le motiverez à se lancer dans ses premiers « areu »... Le saviez-vous ? L'audition du tout-petit est bien plus performante que sa vue, et il est capable de distinguer de très petites variations dans le langage. Ne sous-estimez donc pas cette compétence.

**Paroles de bébé**

« *Ouille, mes petites oreilles !* » *Une boîte à musique peut produire des sons jusqu'à 85-95 dB. C'est trop. C'est fort pour vous ? Plus encore pour lui, ne le mettez pas contre son oreille et réduisez le volume en fixant une bande adhésive sur la sortie du son.*

• Un bébé est sensible et réagit à tous les bruits de la maison, sonneries, voix, bruits de vaisselle, ou aspirateur, voici la bande-son du monde qu'il va découvrir. Soignez l'environnement sonore de votre enfant. Privilégiez les bruits doux et caressants, légers et sautillants. Les bébés aiment les bruits, mais le tapage les stresse. Pas de cris, pas de télé à fond, pas de musique dissonante. Il préfère les mélodies classiques, les chansons douces, les chants des oiseaux, le son des grelots, le tic-tac d'un réveil, et surtout votre voix.

• Faites-lui découvrir des sons en grattant un tissu, en tapotant un meuble ou en faisant sonner votre trousseau de clefs (privilégiez les bruits délicats).

• Parlez à votre nourrisson… il ne comprend pas, pensez-vous ? À sa façon, si. Remarquez son air pénétrant quand vous parlez, il écoute la mélodie de votre voix, nommez-lui les choses en le promenant dans votre appartement : « Voici ta chambre, as-tu vu cette jolie lampe ? » Toutes ces informations ne sont pas immédiatement compréhensibles pour lui, mais il aime à vous entendre, cela le réconforte, il s'intéresse et enregistre déjà les premiers rudiments du langage, et cela l'incitera à produire ses propres sons. Alors, n'hésitez pas, commentez tous vos faits et gestes avec des mots simples et une voix caressante.

• Il adore vous entendre fredonner ou chanter, même mal ! Il reconnaîtra vite une comptine ou une berceuse qu'il entend souvent. Aussi, choisissez une chanson douce que vous connaissez bien et que vous chantez avec plaisir, ce sera peut-être sa chanson. Votre voix l'apaise, peut l'aider à s'endormir, à se calmer. Si cette chanson est un classique, sa future nounou ou la Tatie de la crèche pourra aussi la lui chanter. C'est sa première initiation musicale.

**Paroles de bébé**

≪ *Stop, je suis fatigué !* ≫ *Stimuler bébé, c'est bien, mais n'en faites pas trop. Une ou deux minutes pendant ses moments d'éveil lui suffiront. Apprenez à repérer ses signes de fatigue. Il baille, il chougne, son regard devient évitant, il pleure ? Il a besoin de se reposer.*

● Lisez-lui des histoires, des contes, des poèmes. Il ne les comprendra pas, bien sûr. En revanche, il va s'imprégner de sa langue maternelle, apprécier la mélodie changeante de votre voix et vous écouter avec plaisir. C'est l'installation d'un rituel qui lui sera cher, une présence près de lui s'il est anxieux de s'endormir, et aussi, une première approche de la lecture qui portera ses fruits, plus tard.

**Paroles de bébé**

≪ *Attention, je suis ébloui !* ≫ *La rétine des nouveau-nés ne contient pas assez de pigments pour le protéger contre les illuminations. Veillez à l'éloigner des lampes et autres sources lumineuses trop fortes.*

● Imitez les sons qu'il fait, cela stimule son intérêt et l'incite à en produire d'autres.

● Agitez des hochets sonores, utilisez la boîte à musique, les mobiles… Faites des flops dans l'eau en lui donnant son bain, faites-lui entendre le bruit de l'eau qui coule au robinet.

● Dès ses premiers gazouillis, imitez-le, c'est ainsi que s'inscrit un échange qui lui attribue une vraie place dans la famille.

L'ÉCOLE DE L'HABILETÉ

Peu à peu son réflexe de préhension va se transformer en capacité à saisir… Vous lui donnez votre doigt, pour l'instant

Paroles de bébé

≪ *Aïe, pas fait exprès !* ≫ *Attention aux objets que vous lui mettez dans les mains, comme il ne contrôle pas encore ses mouvements, il peut se faire, ou vous faire, mal d'un grand coup de hochet sur le nez !*

il se contente de s'y agripper par réflexe. Si vous lui posez un hochet dans la main, il le tient puis le laisse tomber. Mais dans quelques semaines, il va chercher à attraper les jouets de son portique et diriger ses poings fermés vers eux avant de parvenir à les saisir.

• Ayez à votre disposition une batterie d'objets à lui montrer, il aime la nouveauté et la variété. Hochets, anneaux, peluches, balles de tissu…

• Le hochet tombe, vous lui remettez dans la main, très vite il le reconnaît. Si vous lui montrez un nouveau hochet, il le trouvera bien plus attractif. Vous voyez : il aime déjà la nouveauté, on vous le dit, l'exploration a commencé.

## L'ÉCOLE DES SENSATIONS

Toutes les sensations tactiles, outre leur agrément, lui permettent de sentir et de s'approprier les limites de son corps… Les bercements l'apaisent et quelques mouvements l'aident à construire son schéma corporel, c'est-à-dire se représenter les limites et la forme de son corps.

• Faites-lui sentir le vent (et non des bourrasques) ou

votre souffle sur ses mains, sur son visage.

• Faites-lui des câlins, des caresses, des massages (voir encadré plus loin) pour l'aider à explorer de nouvelles sensations tactiles.

• Caressez ses mains, son visage, avec des textures différentes et agréables : soie, houppette, velours, fourrure.

• Lors du bain, faites couler l'eau tiède sur les différentes parties de son corps.

• Balancez-le doucement dans vos bras en soutenant sa tête pour lui faire expérimenter le mouvement de son corps dans l'espace et redécouvrir le bercement fœtal.

• Transportez-le partout quand il est réveillé et que vous vaquez à vos occupations habituelles (vous pouvez utiliser une écharpe de portage). Pour lui, c'est très distrayant et il adore ce balancement de votre marche.

• Utilisez une petite couverture ou une étole pour le bercer ou le balancer doucement.

**Paroles de bébé**

≪ *Pffffff, je m'en moque...* ≫ *Un bébé qui détourne le regard n'est pas intéressé. Inutile d'insister, changez de jeu, ou laissez-le se reposer.*

## L'ÉCOLE DU MOUVEMENT

Ses mouvements sont encore assez limités, la position allongée est la seule permise. Son premier effort vise à renforcer les muscles de son cou afin de tenir sa tête droite, et de la faire pivoter pour voir ce qui se passe.

• Assis sur vos genoux face au paysage, ouvrez ses bras en croix et faites-lui faire en douceur quelques battements comme un oiseau. S'il n'est pas à l'aise, n'étirez pas trop ses bras, gardez-les souples.

• Installez-le assez tôt sur un tapis, cela facilitera son éveil. Tous ces mouvements, ces passages, ces bruits qui l'entourent l'intriguent et l'incitent à redresser la tête. Actionnez sa boîte à musique devant lui pour l'encourager.

**LES PREMIERS RIRES**

Des chatouilles feront naître son premier rire... Soufflez-lui dessus ou caressez-le d'une plume ou du bout des doigts son ventre quand vous le changez... *La petite bête qui monte qui monte*, vous connaissez ? Attention, ces premiers rires sont réactifs et involontaires, en abuser peut le fatiguer...

# La p'tite fabrique de jouets

### Des hochets

Dans un premier temps, le hochet est plutôt dans les mains des parents qui le montrent et l'agitent pour attirer l'attention de bébé. Dès qu'il s'en saisit lui-même, il vous faudra éloigner tous les hochets vernis, décorés de peintures ou de collages, car il va les mettre en bouche. Le hochet joue un rôle fondamental durant toute la première année de la vie de tous les enfants pour leur développement.

### Vous pouvez récupérer toutes sortes d'objets de la cuisine

• Un passe-thé tout simple à manche de plastique que vous fermerez bien solidement avec de petits rubans noués, après l'avoir rempli de deux ou trois grelots ou de petites perles pour faire du bruit.

• Recyclez les sachets en filet pour tablettes de lessive, glissez quelques perles de couleur à l'intérieur, nouez bien serré.

• Une bouteille en plastique (les tout petits contenants de crèmes ou produits lactés) dont vous aurez retiré l'éti-

## LE MASSAGE

Le massage est un jeu d'éveil pour un tout-petit, dans la mesure où il lui permet de prendre peu à peu conscience de son corps, qu'il ne distingue pour l'instant pas très bien comme étant le sien et dont il ne connaît pas encore les contours.

✳ Choisissez votre moment, il doit être éveillé, les yeux bien ouverts recherchant votre regard, et apaisé. Pour des raisons évidentes, on ne masse un bébé ni juste avant ni juste après le repas. L'idéal est souvent après le bain.

✳ Pensez à retirer vos bijoux.

✳ Utilisez une l'huile de massage spéciale bébé (demandez à votre pharmacien). Il faut tenir compte du fait que bientôt il portera ses mains et ses pieds à la bouche, il est donc préférable que les composants de votre huile de massage soient comestibles.

✳ Procédez au massage dans une pièce bien chauffée, car votre bébé doit être nu ou en simplement couche (souvent le massage leur fait faire pipi !).

✳ Passez vos mains que vous aurez chauffées en les frottant l'une contre l'autre, sur les bras et les jambes, le ventre, le dos et le visage sans appuyer tout en lui parlant doucement, ou en chantant. Inutile de vous inspirer des messages kiné ou orientaux, il doit s'agir d'une caresse comme si vous dessiniez son corps avec vos mains, tout simplement.

Ce massage peut durer environ huit à dix minutes, mais pas plus de quinze. Au premier signe d'impatience, il vaut mieux arrêter et le rhabiller en douceur. Il faut savoir que certains nourrissons n'apprécient pas le massage. Dans ce cas, n'insistez pas, vous ferez une seconde tentative dans une semaine.

Votre massage doit être une caresse accompagnée d'une chanson ou de paroles douces, car avec un bébé, toute nouvelle sensation doit être accompagnée de façon sécurisante.

quette après l'avoir soigneusement lavée. Vous pouvez la peindre, la vernir, ou la décorer de gommettes et de motifs. Remplie de quelques grelots et simplement fermée de son bouchon vissé, elle est la première d'une véritable collection de hochets attractifs et bon marché.

Si vous voulez varier les bruits, mettez dans certaines des grains de riz, des lentilles, des haricots… chacun rendra un son particulier ! Pour la rendre plus attractive, vous pouvez la percer de part et d'autre et y enfiler un fil solide que vous garnirez de perles en bois ou plastiqué de couleur vive. Consolidez votre nœud niché dans le trou de la perle avec un point de colle. Vérifiez régulièrement la solidité de l'objet. Les perles cognent contre la bouteille quand on la fait bouger.

• Un anneau de rideau en bois (non verni) est à la mesure de la menotte d'un bébé. Nouez dessus des rubans de couleurs et de longueurs variées sur lesquels vous enfilerez des perles et des grelots. Du bruit, de la couleur, des sensations tactiles, c'est tout ce qu'il demande !

## Une manique à chatouilles

Récupérez un vieux gant et cousez sur la paume des morceaux de fausse fourrure ou des petits brins de laine noués. Vous pourrez caresser le ventre et le visage de bébé avec ce gant après le change ou le bain.

## DES MOBILES UNIQUES

Nul besoin d'une suspension coûteuse pour l'amuser : bobines de fils, décorations de Noël, petits jouets, emporte-

### HALTE AUX PHTALATES

On a beaucoup parlé des phtalates ces derniers temps. De quoi s'agit-il ? Ces composants chimiques sont ajoutés aux matières plastiques (PVC) pour les assouplir depuis une cinquantaine d'années et sont suspectées d'avoir un effet néfaste pour le système reproducteur masculin. Il est difficile de les repérer en dépit de leur odeur âcre et désagréable souvent masquée par des arômes artificiels par les fabricants.

Mais la Commission européenne a désormais interdit la mise sur le marché des jouets et articles de puériculture contenant des phtalates. Et les fabricants se sont engagés à fabriquer des produits zéro phtalates.

Tant que vous achetez un produit marqué CE, vous êtes en principe à l'abri de ce danger. Toutefois, certains produits, fabriqués hors de l'Union européenne, peuvent encore en contenir.

Et des phtalates existent encore... dans les greniers et dans les coffres à jouets des aînés, tout particulièrement les hochets et anneaux de dentition.

Si vous voulez atteindre le risque zéro, le plus sûr est donc de jeter les jouets que votre tout-petit pourrait mordiller, car, précisons-le, le danger est associé à la migration des phtalates dans la salive.

Vous pourrez trouver dans les commerces d'autres jouets équivalents en tissu, en caoutchouc ou en plastique rigide. Et sachez qu'il existe d'autres plastiques souples à l'état naturel (comme le polyéthylène et le vinylacétylène) qui ne contiennent pas de phtalates. Les vinyles souples (DINP) font l'objet de plusieurs études et sont actuellement sous surveillance.

pièce en plastique, carrés de tissus aux couleurs et textures variées, petits miroirs, cuillers en bois plongées dans un colorant peuvent être suspendus soit avec de simples pinces à linge sur un fil, soit avec

**LES INDISPENSABLES**
Hochets • boîtes à musique • mobiles • portiques • tapis d'éveil

des rubans sur une baguette de bambou. Voilà de jolies suspensions à contempler depuis son lit ou sa table de change (surveillez bien vos attaches).

• Remplissez de petits sacs de congélation d'eau délayée avec divers colorants alimentaires et suspendez-les, la lumière les traverse et crée des effets sur le plafond et les murs. (Sachez qu'au Cambodge, on utilise des sacs remplis d'eau pour faire fuir les insectes grâce à leur effet loupe.)

• Encore plus simple, utilisez de jolis papiers (crépon, papier de soie, papier d'origami, papier alu), faites-en des cocottes ou roulez-les en boule, nouez-les par un fil de nylon que vous suspendrez sur une baguette de bambou. à sa plus grande joie, le moindre courant d'air fera bouger vos boules de papier…

• Des pompons de différentes tailles et couleurs peuvent, selon le même principe, constituer un joli mobile.

### SES PREMIÈRES MARIONNETTES

Tout ce qui bouge l'amuse. Récupérez une paire de vieux gants en tricot ou tissu de couleur vive ou foncée. Cousez au bout des doigts et sur la paume des gants toutes sortes de boutons colorés ou brillants. Si vous êtes inspiré, vous pouvez aussi broder de petits visages au bout des doigts avec une grosse laine de couleur contrastée. Enfilez les gants, ainsi font les petites marionnettes… Il va adorer et vite essayer d'attraper ces nouveaux amis !

Vous pouvez également utiliser une moufle ou une chaussette. Réalisez yeux, nez et bouche avec différents boutons, et faites-lui une coiffe de rubans cousus… À vous de jouer, utilisez les comptines, faites bouger et parler votre marionnette. Ce bricolage est si simple que le grand frère ou la grande sœur s'en chargera volontiers et se montrera très inventif dans le jeu si vous l'incitez à une certaine lenteur pour que bébé puisse suivre…

# UN CADRE PROPICE AUX DÉCOUVERTES

### LE MONDE EST UN SPECTACLE !

Couché sur le dos, que ce soit dans son lit, dans sa poussette, sur une couverture posée au sol, ou sur l'herbe, bébé est au spectacle. Dehors, les arbres et les nuages suffiront à le distraire. À l'intérieur, les petits objets d'éveil accrochés au-dessus de lui (portiques ou mobiles) vont le passionner. Il va les regarder fixement, et plus tard, s'agiter en tous sens pour manifester son excitation. Préférez là encore les contrastes forts (noir et blanc, ou couleurs vives), les pastels ne lui sont pas très perceptibles. Hors des heures de sommeil, inutile de l'isoler dans sa chambre silencieuse, il a besoin de sentir la vie autour de lui. Ces endroits doivent offrir à son regard des attractions qui l'occuperont. Il est bon d'aménager plusieurs endroits chez vous où votre bébé peut passer une grande partie de sa journée.

Soignez également le décor autour de son lit et de la table à langer pour lui donner de quoi nourrir son regard, mais, point trop n'en faut. Il vaut mieux accrocher un mobile unique pour chacun de ces emplacements, qu'on changera pour renouveler son plaisir, qu'un décor surchargé qui va le fatiguer. Privilégiez toujours les couleurs contrastées, les effets brillants, mobiles, voire sonores.

# IL se sert de ses mains

*Bébé a pris ses marques et a déjà appris une foule de choses. Il acquiert un à un toutes sortes de mouvements : tourner la tête, la redresser, se retourner, s'asseoir... Cette mobilité croissante ouvre son horizon et lui rend les objets plus accessibles. Car le premier jeu actif du tout-petit passe par ses mains : saisir, agiter, taper. « On ne connaît un objet qu'en agissant sur lui et en le transformant », analysait Jean Piaget. L'intelligence de votre enfant va donc se développer grâce à toutes ses manipulations. Il se met à avoir des intentions, à faire des choix, et il expérimente sans cesse.*

# J'explore le monde

## Comment s'y prend bébé ?

Son habileté manuelle le porte vers tous les objets, il faut donc veiller à ne rien laisser traîner qui puisse le blesser.

Son acuité visuelle a bien progressé et il peut distinguer les couleurs qui l'attirent. À 5 mois, il distingue très bien le rouge, le vert, le bleu et le jaune. Il privilégie maintenant les motifs variés et les couleurs primaires vives. Le monde de votre enfant s'est donc élargi, a pris du sens et des couleurs.

Il est de plus en plus réceptif à ce qui l'entoure, et spécialement aux visages de ses proches qu'il reconnaît à présent. Un vrai échange s'est établi entre lui et vous.

Pour communiquer, un éventail de possibilités s'ouvre à lui : détourner le regard, puis la tête, en signe de refus ou de désintérêt, sourire, gazouiller pour exprimer son contentement… Dans cette période, il va progresser du simple gazouillis, langue universelle de tous les bébés, au babil, qui déjà est lié à la langue maternelle, et se limite aux phonèmes pratiqués dans cette langue, c'est dire que le babil est une véritable approche du langage.

Toutes ces capacités nouvelles produisent un miracle qui n'est pas sans conséquence pour les parents : bébé commence à jouer seul ! Du même coup, la maison s'apaise. En même temps, les plages d'éveil entre les repas s'allongent, et ces derniers se raréfient. Il a donc de plus en plus de temps pour jouer. Mais c'est aussi l'âge des premiers dangers, car ce bébé qui se retourne, et bientôt s'assoit, peut, s'il n'est pas dans un environnement bien protégé, se faire mal. À cet âge, l'espace de jeu doit déjà être bien défini, un tapis moelleux environné de gros coussins ou d'oreillers. Et comme ce petit devient sociable et s'intéresse à tout ce qui se passe autour de lui, il est toujours déconseillé de le parquer dans sa chambre, il sera bien mieux au salon où il vous verra vaquer à vos occupations et entendra tous les bruits de la maisonnée. Ça aussi, c'est amusant !

**Paroles de bébé**

*« Encore ! »* Il dort moins, ses séances de jeu dirigé peuvent durer une bonne dizaine de minutes. Dès qu'il détourne son regard ou pleure, arrêtez la séance, mais ne dirigez pas tous ses jeux, c'est important de le laisser jouer seul !

## L'école de l'habileté

Il tend ses petites mains pour saisir les objets. Un mouvement amenant l'autre, il essaie même d'attraper les peluches qui sont dans son lit en grattant le drap, mais c'est plus difficile. Et voilà qu'il découvre deux merveilles : ses mains et ses pieds qu'il attrape comme des jouets. En réalité, tous ses progrès lui permettent de commencer à jouer seul. Même s'il ne les saisit pas encore volontairement, il commence à manipuler et tripoter les objets. Il explore avec ses mains et sa bouche leurs formes et leurs textures. L'habitude de tout porter à sa bouche exige une hygiène irréprochable et des jouets qui supportent le lavage mais, bientôt, cette habitude passera, car ses mains vont devenir de plus en plus intelligentes. Il va saisir volontairement et transférer un objet d'une main à l'autre, ce qui va le ravir. Les jouets le lassent vite, quand il se détourne d'un jouet, rangez-le pour un moment et sortez-en un autre. La nouveauté relance son intérêt.

• Mettez à sa portée des objets à saisir : hochets, jouets de dentition. Les objets qui bougent ou émettent des sons captent davantage son intérêt. Il faut aussi veiller à lui faire découvrir des textures différentes : rugueuses, lisses, grainées, douces, souples ou rigides en lui faisant constater les différences et en les mettant en mots.

**Paroles de bébé**

≪ *Aie, j'ai la bougeotte !* ≫ *Maintenant que bébé est mobile, il faut toujours anticiper les dangers liés à l'étape suivante de son développement. Pensez qu'il ne va pas vous demander l'autorisation avant de se retourner, de s'asseoir, de ramper… Nouveau progrès = nouveaux dangers. Sécurisez bien les espaces et gardez-le à l'œil.*

• C'est le moment de lui constituer son « panier à trésor », une
invention de Maria Montessori,
pédagogue et fondatrice d'écoles
du même nom. Le principe : dans
un panier, quelques ustensiles de
cuisine : cuillers en bois ou métal-
lique, balles, gobelet, trousse,
boîte, bouts de tissu… Peu à peu,

**FAITES-LE RIRE !**
Chatouillez-le, faites-
lui des grimaces ou
des clins d'œil ou
produisez des bruits
bizarres avec votre
bouche.

ce panier va évoluer et se remplir de ses objets préférés. Il
aimera que vous les lui donniez pour qu'il observe, sente,
touche tous ces objets. Ce panier doit avoir une place dési-
gnée et lui être confié pour de petites séances découvertes.

• Il aime que vous lui tendiez un objet en lui disant
« tiens ! » Peu à peu, il va rentrer dans l'échange « tiens !
donne ! » qui feront partie de son premier vocabulaire et
qu'il utilisera indifféremment pour donner et recevoir. De
longues séances d'échange vont s'improviser.

• Quand il sait s'asseoir seul, placez devant lui des balles
de plusieurs couleurs, faites les rouler et rebondir, il vous
imitera vite.

• Utilisez des ballons de baudruche que vous remplirez
de sel, de riz ou de petites pâtes, asseyez-vous face à lui et
poussez ces drôles de ballons avec les pieds. C'est un vrai
jeu à deux.

## L'ÉCOLE DU MOUVEMENT

**Paroles de bébé**

《 *Encore !* 》 *Les petits aiment les jeux répétitifs, les routines et les rituels avec des objets familiers...*

Il tient sa tête droite, la tourne en direction du bruit. Sa mobilité progressant, il peut suivre du regard, se retourner du ventre sur le dos et/ou l'inverse dans son lit. De plus en plus mobile, c'est un vrai petit athlète qui veut relever sa tête en s'appuyant sur ses avant-bras quand il est couché sur le ventre. Dans vos bras, il est capable de tenir un instant debout et de tenir assis. Le monde est devenu si attractif pour lui qu'il va bientôt trouver le moyen de s'asseoir seul pour se donner la possibilité de tout voir, tout saisir et bien sûr tout porter à sa bouche ! La position assise ne s'acquiert pas en un jour ; les plus précoces sur ce plan s'assoient à 5 ou 6 mois, d'autres à 8 ou 9 mois. En attendant, un fauteuil transat permet à bébé de découvrir les avantages de cette position qui lui donne les mains libres et lui permet de jouer et de faire toutes sortes de découvertes.

• Profitez de ses instants d'éveil pour installer votre enfant à plat ventre sur un tapis ou une couverture étendue sur le sol. Il aura ainsi l'occasion de relever la tête et de renforcer les muscles de son cou et de son dos. Des jouets placés devant lui, et encore un miroir en acrylique disposé sur le mur, à sa hauteur, susciteront son attention.

• Quand il réussit à relever la tête du sol et qu'il est couché sur le ventre, placez un jouet sur le côté ou au-dessus de sa tête. Cela l'incitera peut-être à se retourner sur le dos pour la première fois.

• Quand il est couché sur le dos, déposez des jouets à quelques centimètres au-dessus de sa tête. Pour mieux les voir, votre enfant renversera la tête vers l'arrière et tendra le bras vers ces objets. Cela l'incite à se tourner sur le ventre.

• L'asseoir dans une chambre à air recouverte d'une couverture. Son dos bien soutenu par ce dispositif, le jeune enfant pourra s'amuser à saisir les objets que vous aurez déposés devant lui, tout en améliorant son équilibre en position assise.

• Pour un peu de training, vous pouvez l'asseoir sur vos genoux en soutenant le bas de son dos. Il développe ainsi le contrôle de son tronc, l'amenant peu à peu à se tenir en position assise.

• Pour l'inciter à se retourner, couchez-le sur le dos sur son tapis de jeu, faites-le rouler prudemment d'un côté puis de l'autre.

• Tenez votre bébé sous les aisselles et posez-le à plat ventre sur un gros ballon, faites bouger doucement ce ballon...

**LES INDISPENSABLES**
Tapis d'éveil • culbutos • tableau d'éveil • hochets • balles souples • anneaux de dentition • premiers livres en carton et tissu • tableaux d'activités et piscine.

## L'ÉCOLE DES SENSATIONS

Ah le goût des choses ! Son habileté manuelle lui permet de tout porter à sa bouche pour en éprouver le goût, mais aussi la texture. Cependant il aime aussi toucher avec ses mains, expérimenter la différence des sensations. Déjà, il apprécie beaucoup les jeux de nourrice, ces comptines qui sautillent et s'accompagnent de gestes. C'est excitant, et le plaisir sera amplifié par le fait que peu à peu il anticipera l'action : je tombe, je balance plus haut. C'est rassurant pour lui d'avoir ce sentiment de pouvoir maîtriser le futur. Toutes ces nouvelles sensations vont l'aider à prendre conscience de son corps et le dynamiser. (Choisissez votre moment, ni avant de dormir ni après un repas.)

- Laissez-le profiter du bain et de la joie d'éclabousser.

- Ajoutez à ses jouets et au classique tapis d'éveil des objets du quotidien (en veillant à leur propreté), éponges double face, tissu éponge, velours, bouts de fausse fourrure, soie…

**Paroles de bébé**

≪ *J'y arrive pas !* ≫ *Bébé est un champion de haut niveau qui a besoin de beaucoup d'entraînement. Avec une patience surprenante, il essaie, il échoue, il réessaie pour structurer sa représentation du monde. Un seul mot d'ordre : encouragez-le. S'il s'énerve, détournez son attention par un autre jeu ou prenez-le dans vos bras.*

Jouez avec lui, nommez les sensations. N'oubliez pas que le langage s'acquiert par imprégnation.

*« Je lis ! »* Il mordille ses livres ? À cet âge, « lire » est une activité sensorielle. Choisissez ses albums en fonction.

● Couchez-vous sur le dos jambes pliées, posez votre bébé à plat ventre sur vos jambes, en le maintenant avec vos mains, pliez et dépliez doucement vos jambes en chantant « Bateau / ciseaux, la rivière / la rivière / bateau / ciseaux / la rivière tombe à l'eau. Bébé se balance, passez d'un rythme très lent à moins lent, puis rapide en tenant compte de son âge, plus il grandira plus vous irez vite… Ce corps à corps et ce mouvement de balançoire vont le ravir et… tonifier vos abdos !

● Assis(e), bébé sur vos genoux face à vous, faites-le sautiller en douceur. La comptine « À dada sur mon baudet », un vieux classique, fonctionne toujours. Il faut la pratiquer en douceur, même s'il aime les sensations, c'est un tout-petit… Au final de la comptine, ouvrez les jambes, et laissez l'enfant (bien tenu) glisser légèrement entre elles comme s'il allait tomber. Attention tout doux, ne lui faites pas peur ! Au fur et à mesure, cette comptine comme la précédente pourra être chantée plus rapidement, avec des variations de rythme plus ou moins inattendues.

● Vous pouvez lui faire l'avion, en douceur, en le tenant au niveau du ventre.

• Couchez bébé sur vos cuisses, son visage vers vous, pliez doucement ses jambes et massez ses pieds.

• Improvisez une comptine sur son visage, je rentre à la maison et je sonne, dring ! (vous appuyez sur le bout de son nez), je monte l'escalier (vous passez le doigt du menton à son front en remontant le nez). Bonjour papa ! (vous lui embrassez l'oreille gauche), bonjour maman (l'oreille droite), je ferme les volets (vous lui fermez délicatement une paupière puis l'autre), je fais le tour de la maison (une caresse autour du visage), je vais dans ma chambre et je me couche (vous mettez votre doigt sur sa bouche), etc.

## MIROIR... MIROIR

La conscience de soi et de son corps n'est pas innée. Toutefois, il est recommandé de placer bébé assez tôt face au miroir, pour commencer à l'habituer à son reflet. On peut en poser un dans son lit, ou face à lui, à l'endroit où il joue. Choisissez un miroir incassable en acrylique (chez les spécialistes du mobilier enfant) pour sa sécurité.

Dans un premier temps, face à un miroir, il va sans doute réagir à ce qu'il voit sans vraiment comprendre qu'il s'agit de lui-même. Il peut sourire par pure sociabilité. Si vous regardez avec lui dans le miroir, votre reflet va l'intéresser et le troubler légèrement, car il aura du mal à comprendre que vous soyez à côté de lui et en même temps dans le miroir ! Le miroir est un jeu plein d'avenir, il pourra l'amuser jusque vers 18 mois, quand il aura vraiment pris conscience de lui-même et construit son identité visuelle...

## L'ÉCOLE DE LA COMMUNICATION

Il reconnaît les visages de ses parents. Son regard très vif donne le sentiment d'un véritable échange et d'une compréhension réciproque. Vraie nouveauté, il peut détourner volontairement son regard d'un objet fixe, c'est sa première façon d'exprimer ses préférences autrement que par des cris et des pleurs…

Sa capacité « verbale » progresse elle aussi. Votre enfant s'initie au langage. Il n'en est peut-être qu'à formuler des gazouillis basés sur des voyelles traînantes (aaaa…euuu…). Puis, en peu de temps, quand il contrôlera bien sa respiration, il attaquera ses premières syllabes dont il se réjouira Ba… Da…

• Voici le temps des livres en carton qu'il aime manipuler et des livres d'histoire où l'attention est plutôt portée sur les images, la reconnaissance des objets et des animaux (imagier), les petites histoires simples qui rappellent son quotidien. Un vrai plaisir à partager.

• Chanter des petites comptines comme la chanson « Ainsi font, font, font, les petites marionnettes… » en bougeant les mains pour inciter votre enfant à faire pareil. Tout jeune, votre bébé imite déjà vos gestes.

# LA P'TITE FABRIQUE DE JOUETS

UN TAPIS D'ÉVEIL

Même pour une couturière improvisée, il sera très facile de créer le tapis d'éveil de bébé.

Pour la base : un carré de mousse ou un morceau de vieille couette (95 x 95 cm). Deux carrés de tissu coton de même taille. Fabriquez une housse de coton (selon le modèle d'une housse de coussin) avec ces deux carrés de tissu cousus ensemble en prévoyant une ouverture pour le déhoussage au dos (elle sera lavable).

Réunissez toutes sortes de textures et de babioles en veillant à leur sécurité (pas de petits éléments détachables, rien de cassable) :

• petits bouts de tissu éponge, velours, mousseline, lainage, toile cirée, partie grattoir d'une éponge…

• petites peluches, anneaux, hochet, petit miroir acrylique, grelots…

Cousez des gants de toilette sur les bords et les coins

de votre housse, ouverture vers le centre. Entre les gants, répartissez vos morceaux de textures variées que vous aurez coupés selon votre talent en formes simples (carré, rond, triangle) ou plus complexe (bonhomme, animal, maison…).

Fixez aux attaches des gants les petites peluches ou les jouets sonores avec des rubans. Cachez-les ensuite dans les

## CACHÉ-TROUVÉ

Remarquez comme il se réjouit de vous voir entrer dans la pièce où il est. Marquez bien vos départs et arrivées : coucou me voilà, au revoir, je reviens… Par ce jeu, l'enfant va prendre conscience que les choses ne sont pas définitives, et que ses parents ne disparaissent pas à jamais quand ils sortent. L'acquisition de cette notion est une étape fondamentale de son développement psychique. C'est une des découvertes majeures de Sigmund Freud. L'enfant comprend la permanence du lien entre lui et ses parents à travers ce jeu, et ainsi il peut ritualiser et se confronter à la séparation. Le même enjeu intervient dans le jeu du caché-trouvé. Un jouet ou son doudou est placé sous un linge, on soulève le linge, il réapparaît. L'enfant jette son jouet par terre et attend avec excitation que vous le ramassiez et le lui rendiez.

Tous ces jeux de disparition-apparition l'amusent énormément, inventez-en mille variantes… Vous pouvez commencer à jouer à cache-cache, en dissimulant votre visage derrière une serviette et en la retirant subitement, vous cacher derrière un meuble, le cacher derrière un livre, un foulard, vos mains, une serviette… Vous pouvez aussi jouer à ce jeu pendant les changes pour vous distraire tous deux de ce moment routinier…

gants. Vous pouvez aussi utiliser des Velcro pour rendre les jouets détachables.

Vous pouvez réaliser un tableau d'activités pour son lit selon le même principe, en prévoyant des attaches rubans aux quatre coins pour le fixer au lit.

## UNE BALLE RIGOLOTE

Enveloppez une pelote de laine toute ronde dans un bout de collant, cousez pour fermer. Vous pouvez réaliser des balles à manipuler de toutes couleurs et toutes textures en les enveloppant dans différents tissus stretch. Vous pouvez aussi glisser à l'intérieur des grelots et broder solidement leur surface des perles, boutons multicolores, etc. Ces balles sont agréables à manipuler pour bébé, et se lancent dans la maison sans faire de dégâts puisqu'elles ne rebondissent pas.

## UN BALLET DE BULLES

Dès 4 mois, quand il sera dans son bain, ou sur son tapis de jeu, faites-lui découvrir la magie des bulles dansant autour de lui. Il ne saura pas encore les souffler, mais il adorera les suivre du regard et, plus tard, tentera de les attraper. Ce jeu merveilleux évoluera avec le temps et son autonomie.

Un tiers de liquide vaisselle ajouté à deux tiers d'eau mis dans un contenant en plastique et une simple paille ou une pipette à bulles (du commerce ou fabriquée à la maison à partir d'un fil de fer à l'extrémité duquel vous modèlerez un cercle), c'est si simple et réjouissant !

# IL SE DÉPLACE

*Il s'assoit avec aisance, se retourne, peut attraper un objet qui se situe derrière lui, et commence à chercher le moyen de se propulser d'un endroit à un autre. La mobilité de bébé est vraiment en pleine évolution et pour lui, ça change tout ! En outre, sa vision est sensiblement la même que celle d'un adulte, même si celle de près est favorisée et lui permet de repérer les toutes petites choses qu'il ramasse entre deux ou trois doigts, car son habileté manuelle, elle aussi, s'est incroyablement développée. De plus, votre bébé communique mieux avec les autres et commence à bien comprendre le monde où il vit. Il accède à cette importante notion qu'il est une personne semblable aux autres personnes, il fait la différence entre les adultes et les autres enfants dont il recherche désormais la compagnie.*

# JE SUIS PLUS AUTONOME

## COMMENT S'Y PREND BÉBÉ ?

Il reconnaît ses proches et les objets familiers, en revanche, les personnes qu'il ne connaît pas l'intimident, voire l'inquiètent. Il est également en train de comprendre que ce qui n'est pas visible continue d'exister (sa maman disparue dans la cuisine est toujours sa maman), mais cet apprentissage ne va pas sans une certaine anxiété.

Ses émotions se manifestent plus clairement, et sa capacité de communication sans langage ne manque pas d'intérêt, il peut envoyer un baiser, répéter un geste juste pour votre plaisir.

Voilà donc un petit bonhomme ou une petite bonne femme qui commence à avoir une identité propre et des humeurs bien personnelles. Il sourit quand il le veut, fait la moue, s'exprime par ses mimiques et imite les vôtres.

Pas besoin de jouets sophis-

**Paroles de bébé**

*« Encore ! »* Votre bébé aime ce qui est prévisible. Si vous pouvez trouver ennuyeux de répéter le même jeu plusieurs fois par jour, sachez que votre tout-petit en a précisément besoin à son âge.

tiqués pour l'amuser, la cuisine regorge de ce qu'il faut : petits seaux, emballage de crèmes glacés, pots de yaourt, petites bouteilles de lait de 12 cl, bouteilles et pots de crème fraîche et de fromage blanc... sans compter les indétrônables boîtes en plastique qui s'emboîtent les unes dans les

*« À moi ! »*
*Désormais, si on lui prend son jouet, il proteste. Ne cédez pas tout de suite, c'est l'occasion de lui apprendre à surmonter la frustration.*

autres. Les petits apprécient de jouer avec les objets du quotidien et n'ont aucune notion encore de ce qu'est un jouet. Tout est jouet. (Sauf les objets qui présentent un risque, bien entendu.)

Son environnement lui procure une gamme de jeux de plus en plus variée. Jouer avec lui devient un véritable échange de personne à personne et un authentique plaisir...

Toutes ses nouvelles performances ouvrent sa liberté et son autonomie. Bébé se sent tel un matelot dont le bateau prend enfin la mer.

L'ÉCOLE DU MOUVEMENT

Maintenant qu'il est tout à fait à l'aise pour s'asseoir et rester assis, que ses jambes fortifiées par ses efforts constants sont capables de supporter son poids, qu'il adore jouer et accéder à tout ce qui le tente, il a très envie de se déplacer. Peu à peu, il s'en donne les moyens, et là, à chacun sa méthode : qu'il fasse des roulades sur le côté, des bonds en avant, qu'il se traîne sur les fesses, rampe ou marche à quatre pattes, l'essentiel pour lui est de pouvoir explorer le monde… Bientôt, il va pouvoir se hisser seul sur ses jambes en prenant appui sur un meuble ou sur vos genoux, puis se lancer pour quelques pas mal assurés. Il va aussi apprendre à plier les genoux pour s'asseoir depuis la position debout.

**Paroles de bébé**

《 *Ramasse !* 》

*S'il fait sans cesse tomber des objets de son lit ou de sa chaise. Ce n'est pas pour vous embêter mais parce que cette expérience garde pour lui tout son sens rassurant : là, pas là, de nouveau là !*

• Couchez-vous sur le sol, en travers de son chemin. Placez son doudou de l'autre côté, le petit rampeur va se faire une joie de vous escalader pour récupérer son bien.

• Singez l'endormissement, ronflements à l'appui, et dès qu'il fait mine de vous escalader, réveillez-vous et attrapez-le pour le faire rire. Finissez par lui laisser la victoire.

• Quand il se déplace à quatre pattes, amusez-vous à le poursuivre à quatre pattes vous aussi. Les bébés adorent qu'on les imite et qu'on se mette à leur niveau.

• Il ne marche pas encore mais il aime à s'y essayer si

vous vous tenez devant lui en lui tenant les mains. S'il se tient bien debout, agenouillez-vous pour être à sa hauteur, et incitez-le à faire quelques pas vers vous.

• Montrez-lui comment pousser un gros carton pour assurer ses premiers pas dans l'herbe ou au salon.

• Placez un jouet qui l'intéresse hors de sa portée pour l'inciter à se déplacer, à se pencher, à se redresser, à se retourner.

• Asseyez-le sur le sol, entre vos cuisses, et balancez-le tout doucement de gauche à droite, puis d'avant en arrière. Il va instinctivement porter ses mains en avant comme pour éviter une chute, et ce réflexe d'autoprotection lui servira grandement lors de ses futurs premiers pas.

• Dehors, asseyez-le sur la pelouse. Pour certains bébés, le contact de l'herbe sous leurs mains ou leurs genoux est déplaisant. Il sera peut-être alors incité à se mettre debout et à tenter ses premiers pas.

## L'ÉCOLE DES SENSATIONS

Vive les impressions nouvelles ! Voici des petits exercices qui stimuleront bébé et lui procu-

**Paroles de bébé**

≪ *Parlez-moi !* ≫
*Une étude scientifique a démontré que l'intelligence future de l'enfant dépendait beaucoup du nombre de mots entendus par jour.*

reront des sensations de mouvements agréables et ludiques.

• Allongez-vous sur le dos et jambes fléchies sur un tapis moelleux (dans un espace bien dégagé) ou sur le lit. Tenez votre enfant au-dessus de votre visage bras tendus, un… deux… fléchissez les bras et embrassez-le, recommencez !

• Assis, prenez votre enfant sur vos genoux. Il doit être sur le dos, face à vous. Faites-le plonger en le tenant fermement entre vos jambes. Redressez-le, faites-le plonger de nouveau…

• À deux, faites « la chaise » en croisant vos quatre mains et balancez-le.

## L'ÉCOLE DE L'HABILETÉ

Il est désormais capable de saisir des objets de diffé-

**Paroles de bébé**

≪ *Trop, c'est trop !* ≫ *À cet âge, la pédagogie Montessori recommande la mise à disposition de trois ou quatre jouets à la fois, pas plus. On range le reste, quand bébé ne s'y intéresse plus, on ressort trois ou quatre autres jouets et on range les premiers. Il est également recommandé de ranger les jouets dans des boîtes ou paniers à hauteur de l'enfant, et de fixer une image donnant une idée de contenu sur chacun de ces contenants, les petits ont besoin d'ordre pour s'y retrouver, tout comme vous…*

rentes formes, et de les faire passer de sa main gauche à sa main droite. Il peut aussi boire tout seul dans sa tasse, montrer du doigt les objets et aller chercher ceux qui sont tombés. Il est capable de saisir et de jeter volontairement un jouet, tenir ou ramasser un petit objet en le tenant entre le pouce et deux doigts de la main, autrement dit, il sait faire « la pince », ce qui témoigne d'une grande habileté manuelle. En outre, il adore agir sur les objets et se livre à toutes sortes d'expériences qui n'ont rien à voir avec un tempérament de destructeur : pousser, tourner, secouer, taper, ouvrir, jeter. Il ne se lasse pas de toutes les manipulations que lui offrent son tapis d'éveil et son portique. Et plus ça fait du bruit, mieux c'est !

• Donnez-lui toutes sortes d'objets de différentes formes, cubes, cylindres, sphères (en plastique, balles). Jouez la diversité pour améliorer sa préhension et l'inciter à se servir de ses doigts pour les manipuler en tous sens.

• Fournir à votre enfant un contenant rempli d'objets de différentes formes et grosseurs. Il prend plaisir à les sortir puis à les remettre dedans. Les grandes boîtes en plastique de la cuisine, et toutes sortes de récipients usuels en plastique, les casseroles, des petits seaux seront parfaits. Incitez-le à ranger les petits récipients dans les gros, à les vider et recommencer. En empilant, remplissant, vidant, triant, il acquiert des notions mathématiques de base.

• Incitez-le à trier ses jouets dans des boîtes à chaussures, les cubes dans l'une, les balles dans l'autre, les petits bonshommes dans la troisième… Cela l'initie aux joies du rangement et aux notions d'espace et de volume. Nommez les critères de tri pour qu'il les mémorise. Mieux ! prenez une photo du contenant et collez-la sur la boîte correspondante.

• Montrez-lui comment empiler deux cubes, puis trois et ainsi de suite… Les boîtes en plastique de la cuisine fermées de leur couvercle sont encore plus faciles à manipuler. On fait une tour, on la fait basculer en un coup de main, on recommence…

• Apprenez-lui à emplir ces boîtes de cuisine avec ses petits jouets.

• Dans la baignoire, donnez-lui des contenants, boîtes, entonnoirs, un petit arrosoir, de petites bouteilles en plastique qui flottent. Il pourra les remplir d'eau et les vider. Pour lui, c'est encore plus fascinant qu'un jeu de bain sophistiqué.

**Paroles de bébé**

≪ *Du confort !* ≫
*Pour se déplacer, votre enfant a besoin d'être à l'aise dans ses vêtements, privilégiez les vêtements amples et souples.*

• Apprenez-lui à se doucher avec son petit arrosoir.

• Dehors, ramassez ensemble

des cailloux (pas trop petits, qu'il ne puisse pas les avaler), de jolis marrons (toujours sous contrôle) pour en remplir des contenants.

• Dehors, laissez-le jouer dans le sable avec des seaux, des tamis, des pelles, des entonnoirs. Sous votre surveillance pour qu'il ne goûte pas le sable !

• « Jeter, ramasser » reste un jeu magique, c'est le moment de vraiment l'initier au jeu de ballon qu'on fait doucement rouler vers lui, il va vite comprendre comment le renvoyer.

• Déchirez des papiers de toutes sortes (emballages propres, feuilles de cahier). C'est facile et ça fait du bruit.

• Quand il a intégré qu'on ne met pas à la bouche, vous pourrez sortir la peinture à doigts pour la première fois. Posez une grande toile cirée au sol et fixez dessus (avec de la pâte à fixer) une grande feuille de papier blanc. Prévoyez de l'essuie-tout. Bébé sera en simple couche, c'est plus sûr… Posez la peinture dans les assiettes, trempez sa main dedans et hop ! sur la feuille. On est parti pour un grand tableau avec des empreintes de main de toutes les couleurs. Certains enfants n'aiment pas se salir… Dans ce cas, utilisez plutôt des petites voitures dont on trempe les roues dans la peinture avant de les faire rouler sur le papier, résultat abstrait garanti.

● Consultez la section « jeux de précision » page 121, certains de ces jeux sont peut-être à sa portée.

## L'ÉCOLE DE LA COMMUNICATION

Bébé reconnaît les voix de ses proches et comprend pas mal de choses à leur intonation. Il sait maintenant quand vous êtes fâché(e) ou content(e) et il peut y réagir vivement et pleurer dès que vous levez le ton. Il ne parle pas encore mais comprend déjà quelques mots qu'il entend depuis longtemps. Son babil se sophistique, cette imitation du langage qui lui fait changer d'octave, d'intonation, de rythme dans la production de sons de plus en plus variés. C'est déjà un langage que les spécialistes appellent le proto-langage.

**LES INDISPENSABLES**
Cubes, xylophone, ballons, tambour, jouets à empiler, jouets animés, jeux de formes, grandes poupées, grosses peluches, grosses voitures à faire rouler

Dans toutes les langues du monde, le P est une consonne facile à prononcer pour un bébé, voilà pourquoi « Papa » est son premier mot, bien qu'il n'en connaisse pas le sens (il va vite comprendre en tout cas le plaisir que ce vocable magique procure à son papa). Le premier mot qu'il va parfaitement intégrer sera « Non ». Il n'est pas encore mûr pour obéir, mais il comprend. De même que vous verrez qu'il comprend son prénom quand il tournera la tête vers vous quand vous le prononcerez, prononcez-le donc souvent… Selon les spécialistes, plus on aura parlé à un enfant avant qu'il ait acquis le langage, plus son intelligence sera performante. Il vaut mieux limiter « le parler bébé », mais veiller à faire des phrases simples autour des activités qui le concernent comme la préparation de son repas, de son bain, de ses jeux. Ce sont les paroles qui lui sont adressées, à lui, qui le forment.

- Continuez les comptines qu'il commence à mémoriser.

- Utilisez les images d'un livre pour lui apprendre le cri des animaux et nommer les objets du quotidien. Demandez-lui de désigner du doigt l'animal qui fait « Meuh », la chaussure… Cela l'aide à faire le lien entre les mots et les choses, la prochaine étape sera de les nommer lui-même, mais il n'en est pas encore là.

- Nommez systématiquement tous les objets qui l'intéressent et les verbes de mouvements simples « rouler, sauter, jeter, etc. ».

- Apprenez-lui à faire « bravo » en tapant dans ses mains, à dire au revoir avec la main.

## LE TROTTEUR EN QUESTION

Les trotteurs ou youpalas bénéficient d'une certaine tradition et de ses adeptes. Il s'agit un cadre muni de roulettes, d'un système d'assise souple et d'une tablette. Le bébé posé dans son trotteur se tient au cadre et avance grâce aux roulettes. On pense que cela aide à la marche. De plus, il permet au bébé de se balader tout en étant bien protégé, ce qui rassure les parents. Mais en réalité, le trotteur est très controversé. Selon nombre de spécialistes, il force la marche comme on force les plantes, en imposant à l'enfant une posture inadéquate. On pense en effet que si un enfant ne marche pas, ce n'est nullement par paresse, c'est qu'il n'est tout simplement pas prêt, ses muscles ne le sont pas, son équilibre est peu sûr, et il n'a pas encore trouvé la bonne posture. De plus, on a tendance à régler trop haut le trotteur, si bien que bébé se retrouve souvent sur la pointe des pieds, ce qui lui est dommageable. En outre, les experts ont remarqué que la tablette conduit l'enfant à l'intégrer comme faisant partie de son corps puisqu'elle se cogne contre les meubles à sa place. Cette fausse représentation de son corps va au final le faire se cogner plus souvent que les autres. Certains ajoutent que les enfants qui ont fait beaucoup de trotteur ont plus de mal à apprendre à marcher. Plus alarmante, une étude du service pédiatrie de la faculté de médecine de Strasbourg a établi que plus de 40 % des traumatismes crâniens recensés chez les enfants de moins de 12 mois étaient dus à un accident de trotteur. D'autres études américaines ont considéré que le trotteur retardait la marche de deux à quatre mois, et lui attribue la cause de troubles de l'équilibre, et de jambes arquées. Il faut donc bien réfléchir avant de l'utiliser, la principale cause de ces accidents est la chute dans les escaliers, suivis par la chute d'objets en hauteur, et de brûlures des mains sur les portes de four ou de cheminée à insert. La commission de la sécurité des consommateurs conseille donc aux parents tout de même tentés d'observer quelques règles :

✳ Le trotteur doit toujours être utilisé sur une surface plane, horizontale, et au rez-de-chaussée, sans marche, ni escalier ou dénivellation du sol.

✳ Privilégiez les trotteurs équipés d'un système de freinage très rapidement actionnable par un adulte pour le bloquer et posez des barrières pour boucher l'accès aux escaliers.

✳ Assurez-vous que la partie siège et la partie trotteur des trotteurs transformables en chaise haute sont solidaires et que les sangles destinées à attacher l'enfant sont bien en place.

✳ Ne le posez jamais sur une table ou un autre meuble.

✳ N'excédez pas quinze minutes d'utilisation suivie, et pas plus d'une heure en tout par jour.

✳ Oubliez le trotteur dès que l'enfant acquiert de la vitesse et dès qu'il marche.

✳ N'utilisez pas avant l'âge de 8 mois et quand l'enfant est bien à l'aise en position assise.

✳ Assurez-vous que le modèle choisi est conforme aux normes de sécurité européennes.

• Poussez-le plus loin dans l'imitation, tapotez votre tête, puis votre bras, une jambe, en les nommant, bercez un bébé imaginaire, incitez-le à vous imiter.

L'ÉCOLE DE LA LOGIQUE

Le mot vous paraît peut-être excessif et pourtant... Mettre un petit objet dans un plus gros, c'est déjà faire un lien logique entre ces deux objets, boire dans sa tasse ou son biberon, c'est comprendre le lien entre une activité et un objet. Être capable de montrer le chien ou le bébé sur un livre, c'est déjà faire le lien entre la représentation et le mot. Et remarquez que maintenant, quand vous apparaissez dans le miroir à côté de lui, il se tourne vers vous, il a compris la différence entre la réalité et son reflet ! N'est-il pas déjà très intelligent ?

• Il peut trier des jouets ou les regrouper, par exemple classer des cubes par taille.

• Le cache-tampon reste un jeu vedette de cet âge. Cachez un objet sous un chiffon, sous son drap ou dans un gant de toilette et demandez-lui de le dénicher.

• Essayez de lui envoyer un ballon en le faisant rouler par terre pour voir s'il vous le renvoie.

• Commencez à lui faire aborder les jeux d'assemblage et d'empilement (comme les anneaux). Il va peut-être avoir des difficultés et préférer vous voir le faire à sa place.

• Montrez-lui comment aligner des cubes, tentez de lui faire trier ses jouets par couleurs.

• Les tas, c'est aussi très amusant, un tas de jouets sonores, un tas de cubes, un tas de livres, etc. Ainsi, il différencie, il s'initie au rangement et range les choses dans sa tête.

## UN DOUDOU, DIS DONC !

Quelle est la différence entre une peluche et un doudou ? Le doudou, c'est bébé qui le choisit. La moitié des enfants en ont un. Ce qui veut bien dire que la moitié des enfants n'en ont pas, soit qu'ils n'en éprouvent pas le besoin, soit qu'ils se sont inventé un petit rituel de remplacement (tortiller une mèche de cheveu, sucer leur pouce, etc.). Il n'y a aucune norme en la matière, mais en aucun cas, il ne faut en imposer un à son enfant, ni passer son temps à lui flanquer son doudou dans les mains pour le calmer avant qu'il ne le demande lui-même.

Vieux chiffon, peluche, tee-shirt, tétine, coin de couverture, laissez-lui cette liberté d'élection qui a lieu généralement à partir de l'âge de 28 semaines. Toutefois, il choisira parmi des objets mis à sa disposition. On a tendance à offrir de petites peluches aux tout-petits. Pourtant, une grosse tête (comme la sienne) et une certaine dimension (entre 20 à 50 cm) sont préférables. Une belle peluche (mais pas plus grande que lui) est plus facile à attraper. Sachez que les psys voient d'un mauvais œil les peluches interactives qui altèrent le pouvoir d'invention et de décision du tout-petit, devenu dépendant d'un objet qui agit sur lui alors que ce doit être l'inverse.

Les enfants abandonnent généralement leur doudou à l'âge de l'école et des copains. Le doudou, pour les psychologues, porte le nom barbare d'objet transitionnel, ce qui veut dire, en langage simple, que votre bébé lui attribue des pouvoirs magiques. En effet, avant 6 mois, le tout-petit n'a pas saisi que vos absences sont éphémères, il ne sait pas que vous allez revenir quand vous le quittez. Et c'est une de ses grandes angoisses. Encore en symbiose avec son parent, il est sans défense quand il n'est plus près de lui. Cela provoque une inquiétude qui peut le faire pleurer dès que vous sortez d'une pièce. N'imaginez pas qu'il s'agit d'un caprice, c'est une authentique tragédie. Et c'est là que le doudou intervient, par la douceur de son contact, le doudou, c'est un peu vous, à la place de vous. C'est un tendre bouclier contre les angoisses et les moments un peu difficiles, comme le passage du sommeil à l'éveil (et l'inverse) et les séparations. Il est là quand vous n'y êtes plus. Voilà pourquoi il ne peut plus s'en passer, et particulièrement quand il est hors de chez lui, chez sa nourrice, à la crèche, lors d'un chagrin ou au moment d'aller au lit. Le doudou le rassure à votre place.

Il semblerait qu'un rituel d'accompagnement au moment de s'endormir amoindrit l'importance du doudou. Selon une étude, si son père, sa mère, ou un frère ou une sœur sont là au moment où bébé s'endort et plus encore, s'ils lui racontent une petite histoire ou lui chantent une chanson, il se passerait plus souvent de doudou. Pour autant, en avoir un ne dénote pas un tempérament anxieux…

Plus tard, le doudou adopte un autre rôle d'importance, il est son autre lui-même, et il va en prendre soin comme vous le faites avec lui, mais aussi le gronder, lui faire subir toutes sortes d'expériences désagréables qu'il a rencontrées (morsures, piqûres). Doudou devient un support d'imitation mais aussi un protecteur, un confident, un ami. Voilà pourquoi ce bout de chiffon cracra est si précieux aux yeux de votre enfant.

Mieux vaut se débrouiller pour l'avoir à sa disposition, sans pour autant lui proposer à tout bout de champ, car cela pourrait signaler pour lui que vous êtes inquiet, et donc l'inquiéter à son tour. Il est très conseillé de prévoir une doublure au doudou en cas de perte et pour pouvoir le laver (pas trop souvent). Car le laver ne va pas de soi. Dès les premiers jours, le nourrisson reconnaît sa mère à son odeur, et pour lui, son doudou a une odeur qui le rassure. Lessivé, il perd de son pouvoir. Paul, 1 an, a jeté son nounours adoré dans la fosse aux singes du zoo, plutôt amusé de voir les chimpanzés s'arracher son doudou, il s'est montré très surpris que ces ingrats ne le lui rendent pas. Ses parents ont dû faire le tour des magasins en urgence pour trouver son pareil. À bon entendeur...

Des sites sur Internet viennent au secours des doudous perdus et permettent de passer une petite annonce pour les retrouver :

http://www.lacabaneadoudou.com
http://www.misterdoudou.fr/sosdoudou

# LA P'TITE FABRIQUE DE JOUETS

EN AVANT LA MUSIQUE !

Inutile d'acheter des instruments à prix d'or pour initier votre petit à la musique, là encore, direction la cuisine ! On fait le plein de casseroles, cuillers en bois et en plastique, fouet, couvercles métalliques et vous voilà à la tête d'un orchestre dont les couvercles sont des cymbales, les casseroles retournées sur le sol la grosse caisse et le tambour, le fouet et les cuillers agrémentant ces percussions. Que vous manque-t-il ? Une clochette ? Et des maracas qui seront fabriquées par vos soins en remplissant plus ou moins des bouteilles de lait de grains de riz, de haricots, de lentilles, etc. On visse bien, on secoue et on obtient tout une variété de sons délicats. Cela va grandement exciter bébé, faites-lui imiter différents rythmes : très lents, lents, vite, très vite mais aussi doucement, fort, très fort. Toute la famille peut s'y mettre avec chacun son instrument, vous sophistiquerez peu à peu vos œuvres en jouant des sons différents.

Mais pensez aux voisins, et choisissez votre heure…

Paroles de bébé

« *J'aime pas !* » *À cet âge, la personnalité de bébé s'affirme. Certains sont plutôt portés vers les jeux de manipulation fine, d'autres sont plutôt moteurs et n'ont de cesse de se déplacer. Cela ne veut pas dire que l'un sera manuel et l'autre sportif, mais qu'ils privilégient une activité plutôt qu'une autre. Proposez, mais laissez-le disposer...*

# La sécurité assurée

## COMMENT LE PROTÉGER ?

Sa toute nouvelle mobilité est un formidable progrès qui génère quelques inconvénients, à commencer par les risques de chute et les bosses.

En outre, pour lui, tout ce qui est à sa portée est un jouet ! Et il n'a encore nulle notion ni du danger, ni de la propriété. Pensez donc sécurité, c'est le moment d'investir dans des cache-prises, des cale-portes et des protège-coins pour les meubles (en magasins de puériculture). Il faudra aussi déplacer ou surélever tous les objets fragiles, toxiques (dans un placard fermé à clef), coupants ou éventuellement dangereux (câbles, prises multiples, appareils électriques).

Sortez tous les meubles branlants des lieux où il joue. Fermez correctement les portes des pièces et des placards. Inspectez soigneusement les objets et les jouets que vous lui confiez, pas de petites pièces ou vis détachables, pas de contact possible avec des fils électriques ou des piles. Vérifiez aussi les peluches qui doivent être douces, solidement cousues et lavables…

Enfin, respectez scrupuleusement l'âge indiqué sur les jouets industriels et ne permettez pas aux aînés de prêter leurs jouets aux plus petits.

Comme bébé se déplace, le mettre trop longtemps dans un parc va le frustrer, un grand tapis de mousse entouré de coussins pour créer un espace fermé (qu'il ne pensera qu'à forcer) est plus agréable pour lui. Comme c'est l'âge où l'on ne peut pas laisser son bébé sans surveillance, tâchez d'avoir un panier rempli de ses jouets favoris que vous pourrez transporter de pièce en pièce pour vaquer à vos autres occupations. Dehors, pensez à le protéger du soleil avec une crème et un chapeau.

C'est aussi l'âge où on peut l'initier à un minimum de discipline. Expliquez avec des mots simples que le pichet de belle-maman, en dépit de ses belles couleurs, n'est pas un jouet, non plus que le fil de la lampe. Ne vous étonnez pas qu'il recommence aussitôt, car en quelques secondes, il a déjà oublié et il faudra du temps pour qu'il intègre tous ces interdits. Pensez

qu'un peu de discipline raisonnée, c'est aussi de l'éveil. Dites
« Non » et détournez son attention de la tentation.

Des informations sur les dangers de la maison sur le site
www.accidents-domestiques.com

# IL marcHE

*Voilà un des événements les plus attendus dans l'évolution de votre enfant, car la marche change sa vie et la vôtre. Votre bébé se retrouve comme vous, en position verticale, et ses deux mains parfaitement libres. Peu importe à quel âge il y parvient. D'un enfant à l'autre, neuf mois peuvent s'écouler avant cette acquisition et il n'y a aucune raison de s'en alarmer avant 18 mois révolus. Tandis que l'un gambade, l'autre reste au sol mais prononce déjà ses premières phrases, ou réalise de jolies prouesses manuelles. Chacun son rythme, voilà tout !*

# JE VOIS LA VIE DE HAUT

## COMMENT S'Y PREND BÉBÉ ?

Donc, votre bout de chou marche et va pouvoir éprouver toutes les possibilités liées à la station debout. Il cherchera également les moyens de se baisser pour s'accroupir, il saura vous tendre bras et jambes pour participer à son habillage. Il voudra s'essayer à tenir sa cuiller seul pour manger, même s'il peine encore à trouver sa bouche.

**Paroles de bébé**

*« Une chanson ! »*
*Il adore toujours les comptines. Sur Google, en tapant « Comptines et jeux de doigts », quantité de sites apparaîtront pour en découvrir de nouvelles ou retrouver les anciennes, avec toute la gestuelle associée.*

Passé 1 an, la vision est devenue son sens dominant, même si l'audition est un fort soutien. Il sait analyser ce qu'il voit, tout comme vous. Comme le souligne la psychologue Béatrice Millêtre, pour lui, le monde est désormais en ordre, bien loin de cet « enchevêtrement de formes plus ou moins incluses les unes dans les autres »* du premier âge.

Qu'il soit très sociable et sourie même aux étrangers, ou qu'il demeure timide et se cache en leur présence, votre enfant commence à savoir ce qu'il veut, à rechigner quand on l'installe dans sa chaise ou au lit, à fermer sa bouche devant sa cuiller de soupe et à attirer votre attention par des clowneries.

> **POUR LE FAIRE RIRE**
> Essayez d'enfiler ses chaussures ou son bonnet, tétez son biberon ou marchez à quatre pattes, toute attitude incongrue de votre part peut déclencher son fou rire !

Sur le plan social, il commence à prendre goût à la compagnie d'autres enfants, même s'il ne joue pas vraiment encore avec eux, mais près d'eux. Il a la bougeotte, un grand appétit d'explorations nouvelles, d'exercices pour améliorer son équilibre. Il prend donc une belle assurance, mais en même temps découvre de nouvelles peurs. Un bruit brusque peut l'inquiéter. Et oui ! Si cet immense progrès favorise son indépendance, il a encore grandement besoin de votre soutien et de votre protection !

## L'ÉCOLE DU MOUVEMENT

Encore un peu château branlant, il trottine, pour aller vers vous ou le jouet qui l'intéresse, et déjà le voilà qui court, car il prend très vite de l'assurance. Quel événement ! Que de progrès accomplis en quelques mois ! Mais aussi, il faut bien le mesurer, que de nouveaux dangers ! Car votre petit marcheur ne veut pas s'arrêter là, il veut explorer plus loin, plus haut, grimper, redescendre, sauter, danser, vivre quoi !

● La marche lui permet de mesurer son pouvoir sur les objets. Il aime pousser les petits meubles, sa poussette, son camion, etc. À défaut de jouets de marche, un grand panier, un gros carton d'emballage sont tout aussi plaisants à pousser à travers le salon… Pour le rendre stable, montrez-lui comment le remplir de ses jouets et il pourra ainsi transporter ses occupations au gré de ses pérégrinations.

● Maintenant qu'il marche, offrez-lui sa première vraie partie de cache-cache.

● Montrez-lui en lui tenant la main comment marcher en arrière.

● Proposez-lui ce jeu d'imitation : on s'assoit, on se relève, on s'accroupit, on marche, on se baisse pour ramasser un jouet, on saute, on se laisse tomber, etc.

● Puisqu'il adore lancer et jeter, proposez-lui de peaufiner ses tirs en balançant une balle de chiffon sur des boîtes de plastique empilées.

● Jouez à monter et descendre les escaliers, d'abord en lui tenant la main, il lui faudra quelques mois avant de le gravir seul et plus

**LES INDISPENSABLES**
Déambulateurs • jouets à traîner • camion à enfourcher et pousser • tableaux d'activités • livres en carton • jouets musicaux • gros cubes de construction • jeux de bain.

encore pour le descendre, aussi ne le laissez jamais accéder à un escalier en dehors de votre présence.

Paroles de bébé

*« On bouge ! »*
*À ce stade, il est fréquent que les enfants ne puissent se concentrer au-delà de deux à cinq minutes sur des jeux plutôt calmes. Ils privilégient souvent les jeux toniques...*

• Organisez une course aux obstacles dans la maison, il lui faudra ramper au travers d'un carton posé au sol, escalader quelques coussins, contourner la table basse, passer sous un tunnel de chaises. Au bout de la course, son doudou l'attend pour le féliciter.

• Apprenez-lui à shooter dans un ballon, ce n'est pas si simple, il a tendance à le faire à l'envers.

• Mettez de la musique entraînante et dansez avec lui en rythme. Montrez-lui des figures simples : ouvrir les bras, sauter, se dandiner, etc.

• Toujours sur fond musical, invitez-le à poser ses pieds sur les vôtres, et en le tenant par les mains, faites quelques pas, des petits, des grands, valsez, tournez, etc.

### L'ÉCOLE DE L'OBSERVATION

Voici quelques activités avec bébé qui ne manqueront pas d'éveiller sa curiosité.

## JOUETS, MODE D'EMPLOI

Pour plus de sécurité, veillez à ce que tous les jouets qui rentrent dans votre maison portent le marquage CE, soit sur l'emballage, soit sur le jouet lui-même, ainsi que le nom ou la raison sociale de la marque, et l'adresse du fabricant, de son mandataire ou de l'importateur en Union européenne. Ces éléments doivent être conservés.

✳ Les marquages doivent être visibles, lisibles et indélébiles. Ce marquage signifie que le jouet est conforme à des exigences de sécurité sévères et précises, fixées au niveau européen.

✳ Les nom et adresse du fabricant ou de l'importateur permettent d'identifier et de contacter en cas de besoin, la société qui a mis le jouet sur le marché.

✳ Respectez scrupuleusement la mention « Ne convient pas à un enfant de moins de 36 mois », car les normes de sécurité pour cette tranche d'âge sont particulières et très importantes. Respectez l'âge conseillé de manière générale.

✳ Suivez scrupuleusement les notices d'utilisation ainsi que les conseils de montage lorsqu'il y a lieu, afin de montrer à votre enfant la bonne utilisation de son jouet et toutes les possibilités de jeu qu'il présente. N'oubliez pas : une mauvaise utilisation peut nuire à la sécurité de votre enfant.

✳ Ne laissez jamais les tout-petits jouer avec les jouets de leurs aînés, ils pourraient, par exemple, avaler de petites pièces, ou même se blesser.

✳ Vérifiez régulièrement l'état des jouets et ne bricolez jamais un jouet cassé ou abîmé qui pourrait ne plus offrir la même sécurité à votre enfant.

✳ Portez une attention particulière aux jouets à piles. Ces dernières doivent être manipulées uniquement par un adulte. Mal positionnées ou mal choisies, elles peuvent détériorer le jouet, ou couler et provoquer des brûlures. Respectez les indications du fabricant concernant le type de piles et leur mise en place. Si le jouet nécessite plusieurs piles, il est recommandé qu'elles soient toutes de la même marque. Changez-les aussi toutes en même temps. Ne laissez pas les piles dans un jouet non utilisé pendant un certain temps.

✳ Assurez-vous que les yeux, le nez ou autres petites parties des animaux en peluche sont solidement attachés.

✳ Examinez périodiquement vos jouets.

✳ Débarrassez-vous immédiatement des jouets cassés.

✳ Gardez les jouets des enfants plus âgés dans un coffre séparé, ceux-ci peuvent être constitués de petites pièces qui ne conviennent pas aux enfants plus jeunes.

✳ Apprenez à vos enfants à ranger leurs jouets pour éviter des accidents.

✳ Ne laissez pas les jouets dans les escaliers ou dans des lieux de passage intensif de la maison.

• Découpez des carrés dans des chutes de tissu aux différentes textures, velours, fourrure, mousse, toile de jute, papier granuleux et tenez-le pour marcher pieds nus sur ce parcours à sensations.

• Imitez le méchant loup ou le méchant ogre, mais donnez à votre enfant un objet magique qui va le rendre gentil ou lui faire peur. Détalez à sa vue ou gémissez dès qu'il le brandit.

• Mettez bébé dans une grande bassine remplie de riz ou de semoule, avec des gobelets, des seaux, des pots de yaourt vides, des cuillers, c'est aussi bien et plus propre que le bac à sable !

• Jouez au gros temps : une toute petite pluie tombe du ciel (vous tapotez sur sa main du bout du doigt), le vent se met à souffler (vous lui soufflez doucement dans le cou), l'orage gronde, vous lui tapotez le dos, le vent souffle très fort (vous lui soufflez très fort dans le cou), la pluie se calme (on tapote du bout des doigts) et le soleil revient (vous lui caressez le dos).

## L'ÉCOLE DE L'HABILETÉ

Ses doigts deviennent de plus en plus agiles. Il peut attraper un petit objet en formant une pince avec son pouce et deux doigts. Les objets minuscules l'intéressent et il continue à les porter à sa bouche, il faut plus que jamais surveiller ce qui traîne…

• Feuilletez des livres avec lui, il aime tourner les pages, même s'il en fait sauter quelques-unes.

• Il peut aborder les puzzles à deux ou trois éléments, si

**Paroles de bébé**

≪ *Pas ta faute !* ≫ *S'il a rampé tard, il lui faudra quelques mois de plus avant de marcher. L'important, c'est qu'il progresse. On pense que les bébés plus lourds marchent plus tardivement que les autres, le temps que leurs muscles soient suffisamment puissants pour les porter. La stimulation ne rentre que pour une part dans son avancée, surtout ne culpabilisez pas.*

ceux-ci sont dotés de boutons de préhension et s'encastrent dans un support.

« *Badaboum !* »
*Un enfant qui marche ne peut pas être laissé seul et ne tolère plus le parc, il faut toujours l'avoir à l'œil en cas de chute ou d'incident.*

• Récupérez vos pots de crème, les flacons de shampoing, rincez-les bien et montrez-lui comment on visse et dévisse les couvercles. (Évitez systématiquement les emballages de médicaments et de produits toxiques.) S'il n'y parvient pas, vous essaierez plus tard.

• Faites-lui empiler des cubes par trois, voire plus, s'il y parvient.

• Donnez-lui de gros crayons et du papier, invitez-le à gribouiller. Tentez de lui faire tracer des traits. Résultat non garanti.

• Donnez-lui une boule de pâte brisée ou de pâte à sel et laissez-le la manipuler, la couper avec un couteau à beurre, faire des boules, triturer, malaxer, etc. Ne soyez pas trop directif, laissez-le découvrir.

• Utilisez une pâte sablée du commerce, faites-lui découper des petits gâteaux à l'emporte-pièce, il sera tout heureux de suivre leur cuisson, de déguster ses œuvres et d'en offrir à toute la famille.

*« Pas les chaussures ! » Se déplacer pieds nus ou en chaussettes favorise sa coordination et son équilibre, les chaussures seront utiles pour marcher sur un sol froid ou accidenté et à l'extérieur.*

## L'ÉCOLE DE LA COMMUNICATION

Côté langage, il comprend de plus ou plus de mots et même de petites phrases, ce qui vous encourage à vous adresser de plus en plus à lui. Répondez-lui, émettez des suppositions, poursuivez la conversation, c'est ainsi qu'il va progresser. Continuez à ponctuer tous vos actes de commentaires.

« Tu vois, j'épluche les légumes pour ta purée », « Il pleut, je préfère que tu mettes tes bottes aujourd'hui », « Allez, on met le manteau et on va se promener ». Écoutez ce qu'il dit avec attention. Vers 18 mois, la moyenne des enfants dispose d'un vocabulaire de dix à vingt mots. Il parviendra bientôt à établir un lien entre ce qu'il entend et ce qu'il voit. Il commencera à dire maman en vous regardant et papa lorsque son père entrera dans la pièce (même s'il risque d'employer encore indifféremment les deux termes pour le moment).

• Répétez ses premiers mots en les prononçant correctement, en formulant des phrases complètes, même s'il parvient à exprimer sa volonté en parler bébé. S'il dit « Am ! am ! » pour manger, répondez-lui en complétant la phrase : « Tu as faim ? Tu veux manger ? » Il continuera ainsi à combler ses lacunes de langage avec son babil qu'il utilise maintenant d'une mine très convaincue.

## LA TRACE DE BÉBÉ

Vers 24 mois, votre bout de chou découvre une activité magique : il peut laisser une empreinte sur le sable avec sa main, ou avec un bâton et il adore ça ! Procurez-lui toutes sortes d'occasions d'éprouver cette merveilleuse découverte dans la terre, le sable, la pâte à modeler, sa purée, etc. Cette activité n'est pas insignifiante, écrire, c'est aussi laisser une trace... Dans la foulée, proposez-lui de bons gros crayons non toxiques (à ne pas mâchonner pour autant) pour bébés avec lesquels il pourra s'exprimer sur des grandes feuilles accrochées au mur ou installez-lui un tableau dans sa chambre avec des craies. Prévoyez large, il risque fort de déborder. Une grande feuille posée sur une toile cirée étendue sur le sol évite les décorations murales non désirées. Vous pouvez aussi mémoriser ses empreintes de mains et de pieds sur du plâtre, de la terre à modeler ou en utilisant une peinture aux doigts. Ces empreintes prises à intervalles réguliers montreront de façon charmante la croissance de bébé, et peuvent illustrer d'une image éloquente cette progression sur la toise.

• Vous pouvez également lui fredonner des comptines, lui montrer les actions associées à certains mots (par exemple « au revoir » de la main).

• Apprenez-lui à taper dans ses mains en disant bravo, quelle joie quand il observera que tout le monde autour de lui comprend ça.

• Jouez à « Apporte-moi » : apporte-moi ton ballon, ton doudou, ton manteau. S'il s'exécute facilement, tentez de compliquer votre demande : apporte-moi le camion qui est dans ta chambre, ton ballon qui est dans le coffre, ton doudou qui est sur ton lit. Vous verrez qu'il comprend déjà beaucoup de choses…

• Faites-lui chercher les images dans l'imagier. « Montre-moi les chaussures, le ballon, le chien… »

• Faites-lui faire des choix : « Tu préfères jouer aux cubes ou au jeu de formes ? » « Tu préfères les chaussures ou les bottes ? » Invitez-le à s'exprimer… Il le fera avec ses moyens, en faisant non ou oui de la tête, ou en utilisant quelques mots.

• Racontez-lui des histoires en mimant les gestes des

### SA PREMIÈRE POUPÉE

La poupée n'a pas de sexe, c'est un jeu d'imitation et d'imagination que les garçons apprécient autant que les filles, entre 18 mois et 2 ans.

La poupée a beaucoup d'importance dans l'univers enfantin. Les petits observent le corps de la poupée qui les renseigne sur le leur. Vers 2 ans, ils la font dormir, manger, la câlinent et la grondent comme vous le faites avec eux. Ils lui parlent, lui racontent leurs soucis, lui font vivre ce qui les préoccupe.

Pour bien la choisir, prenez une poupée légère au corps souple et mou qui favorise l'habillage et toutes les postures que l'enfant veut lui faire adopter. Son minois doit être mignon, avec des yeux qui s'ouvrent et se ferment. Tout le reste (poupée qui parle, qui fait pipi, etc.) relève du marketing inutile. Une autre poupée, en plastique, ira plus facilement au bain.

personnages, en jouant de la grosse voix et en changeant d'intonation.

• Mettez ses jouets préférés dans un sac en tissu, faites-lui plonger une main dedans et demandez-lui de deviner sans le regarder quel jouet il a saisi.

## L'ÉCOLE DE LA LOGIQUE

**Paroles de bébé**

« *Ça déborde !* »
*Pour dessiner bien à l'aise, immobilisez la feuille de papier sur le sol ou sur la table avec de la pâte à fixer. Prévoyez éventuellement une protection type toile cirée à placer en dessous.*

Associer, combiner, faire la différence, les premiers rudiments de logique et de mathématiques se mettent en place. Qui est qui ? À quoi ça sert, avec quoi ça va, le plus petit, le plus grand, etc. Favorisez ces découvertes…

• Jouez devant le miroir avec lui. Montrez-lui son reflet en le nommant pour qu'il comprenne qu'il s'agit de son image, et non de son double. Montrez-lui votre reflet, faites des grimaces à votre reflet et au sien, détaillez les parties de votre corps et du sien, toujours dans le miroir. Peu à peu, il va comprendre la différence entre reflet et double, construire son identité visuelle, et prendre pleinement conscience de sa personne.

• Taillez au cutter des trous de différentes tailles et formes dans le couvercle d'une boîte à chaussures et invitez-

« *Pas bon !* » *Les trotteurs ou youpalas n'ont pas la faveur des spécialistes avant la marche. Selon eux, les muscles de bébé ne sont pas prêts et se développeraient moins bien.*

le à glisser de menus objets dans la boîte au travers de ces trous en fonction de leur taille.

• Avec des boîtes en plastique de tailles différentes, incitez-le à trouver le bon couvercle pour la bonne boîte.

# LA P'TITE FABRIQUE DE JOUETS

## UNE PÂTE À MODELER MAISON

La pâte à modeler reste une activité de choix pour les petits. Beaucoup de parents hésitent à en acheter, par peur de voir leur bout de chou l'ingurgiter. Sur le marché, on trouve des pâtes à modeler non toxiques, voire biologiques. Mais voici une recette de pâte à sel qui ne présente aucun danger. Pour la colorer, utilisez une pointe de curry, safran, paprika et des colorants alimentaires délayés dans l'eau pour le bleu ou le vert (ne cherchez pas à créer des couleurs trop intenses, car ces colorants sont comestibles à faible dose).

## Pâte à sel

- 1 verre de sel fin
- 1 verre d'eau tiède
- 2 verres de farine
- Quelques gouttes d'huile essentielle à la vanille ou à la cannelle pour la parfumer.

Certains rajoutent une cuillerée à soupe ou deux d'huile pour la plasticité. Cette pâte se conserve une semaine roulée serrée dans un film alimentaire.

- Associez votre enfant au maximum à la préparation de la pâte, cela va beaucoup l'intéresser, faites-lui verser les ingrédients dans un saladier, mélanger le tout, pétrir. Si la pâte est trop friable, rajoutez un peu d'eau, si elle est trop molle, rajoutez de la farine.

- Vous pouvez la cuire après modelage à four doux (75 à 100 °C) durant une heure ou deux, elle est cuite quand elle est dure.

- Précisez-lui que ce n'est pas du gâteau, et qu'elle n'est pas bonne à manger. Pour jouer, prenez une boule chacun. Laissez votre enfant

**Paroles de bébé**

≪ *Ça coupe !* ≫
*Pour couper la pâte à modeler, ou la pâte à tarte, prêtez-lui un couteau à beurre ou un vieux CD, ça coupe bien sans le moindre danger.*

découvrir la matière, la triturer, la déchirer, l'aplatir, la tapoter, la déchiqueter. Donnez libre cours à votre imagination en même temps que lui et apprenez-lui à faire une boule, à l'écraser pour qu'elle devienne galette, à la découper avec une roulette à pâtisserie ou un objet non tranchant. Proposez-lui

*« À moi ! »* *Triez les petits jouets (bonshommes, briques, etc.) dans des grands filets conçus pour laver le linge délicat. Tout reste visible.*

des emporte-pièces, passez à des modelages simples : une simple boule collée sur un boudin arqué, c'est un chat.

• Des lentilles, grains de riz, de cumin, anis étoilé, poivre, clous de girofle permettent de dessiner les yeux ou de réaliser toutes sortes de motifs.

• Pour obtenir un résultat à afficher dans sa chambre pour sa plus grande fierté. Découpez un carré de pâte qui constitue un support en fixant pour l'accrochage une épingle à cheveux en fil de fer dans l'épaisseur de la pâte. Faites-lui coller dessus toutes sortes de motifs découpés avec des emporte-pièce et décorés de graines.

• On peut aussi peindre la pâte à sel après la cuisson et la vernir.

Astuces : avec un presse-ail, on façonne des spaghettis ou des cheveux.

Un pinceau trempé dans l'eau permet de coller deux éléments entre eux.

*J'éveille mon bébé*, Béatrice Millêtre (Odile Jacob)

♡

# IL s'exprime avec des phrases

« Papa pati… » vous dit-il, plein de résignation douloureuse.
Applaudissez, votre enfant vient de prononcer sa première phrase !
Jusque-là, il était capable de s'exprimer d'un simple mot qui était
déjà une phrase à lui seul, dotée d'un sens que seul le contexte
exprimait. « Doudou ! » pouvait vouloir dire « Voilà mon doudou », « Où est mon doudou ? », « Rendez-moi mon doudou… »
C'est en général, entre 20 mois et 2 ans qu'un enfant prononce ses premières phrases en associant deux mots :
« papa parti », « nounou dodo », « bébé câlin », etc.

# je parle et je dis... non !

## COMMENT S'Y PREND BÉBÉ ?

En dépit de la limitation de son vocabulaire, un petit comprend dix fois plus de mots qu'il n'en dit et interprète parfaitement les phrases simples qu'on énonce clairement à son attention.

Mais voilà qu'il les associe dans le but de communiquer mieux avec vous, mais aussi avec les autres, ce qui va lui permettre de se socialiser et de découvrir le plaisir des jeux avec les autres enfants. Au parc, il les observe, les imite comme il fait avec vous. Car il recherche la compagnie de ses pairs désormais, pour autant sa sociabilité est débutante, aussi ne vous attendez pas à ce qu'il se montre prêteur du jour au lendemain, jusqu'à deux ans, il rechigne franchement à prêter ses jouets, ce n'est pas qu'il soit égoïste, mais il imagine assez mal les désirs d'autrui. Tout nouvellement conscient de ce qu'il est, il est très préoccupé de ses propres

**Paroles de bébé**

≪ *Parlez-moi bien !* ≫
*Si vous voulez que votre enfant acquière un bien parler, vous pouvez d'ores et déjà commencer à employer des mots riches, en cessant de tout simplifier, et une syntaxe correcte.*

désirs. L'empathie, il l'apprendra… plus tard, et précisément au contact des autres.

Son comportement peut vous paraître parfois contrariant, d'autant qu'il utilise d'abondance le mot : « Non ! » Et oui, soudain, il dit non à tout, il refuse jusqu'à son dessert préféré, croise fermement les bras quand vous voulez lui tenir la main et, même, il boude. C'est un moment difficile pour les parents qui aimeraient tant que cet être adoré se montre aussi généreux qu'eux-mêmes. Prenez en considération toutes les fois où il l'a entendu ce fameux « Non ». Bien sûr, c'était pour le protéger, mais s'il vous imite, c'est qu'il ne voit que la frustration qui découle de vos interdits et non leur justesse. Comprendre ce qui perturbe votre enfant ne veut pas dire qu'il faut céder à tout. Restez ferme, vous êtes là pour l'éduquer, pesez en vous-même la valeur de vos « Non ! ». Certains méritent explications, d'autres peuvent ouvrir au compromis (« tu prends ton bain, et après nous jouerons à ton jeu préféré »), d'autres enfin ne sont que l'effet de votre lassitude et de votre emploi du temps trop chargé et sont à limiter…

Côté jeu, il est capable de reconnaître les objets et les ani-

**Paroles de bébé**

« *Je veux lire !* »

*Le goût des livres ne s'acquiert pas à l'école mais au contact des livres et des mots au sein de la famille. C'est une activité variée en elle-même. On conseille au moins cinq minutes par jour autour d'un livre.*

maux sur des images, et il apprécie d'autant plus les livres. Car avec le langage, son imaginaire se développe, son sens logique également. Le langage est une source de jeu à part entière, à commencer par de doux moments de lecture, où l'on raconte de petites histoires, on regarde et commente les images ensemble. Double avantage, la lecture dans vos

## BIEN RACONTER UNE HISTOIRE

À cet âge, les histoires prennent une véritable importance. Tâchez de vous rappeler celles que vous aimiez, enfant, car vous les raconterez avec un vif plaisir. C'est le meilleur moyen de commencer. S'il a déjà plusieurs livres à sa disposition, laissez-lui choisir celui qu'il veut que vous lui racontiez. Pour que ce moment de lecture soit des plus distrayants, faites vivre les personnages en mettant le ton, voire en donnant une voix identifiable à chacun d'eux, s'il le faut, joignez le geste à la parole. Extrapolez sur le texte pour vous livrer à des imitations, forcez le trait.

Si le texte vous paraît un peu compliqué, ne vous laissez pas troubler, mais si vous voyez que l'attention de votre enfant se relâche, improvisez vous-même une version plus digeste.

Les comédiens dans l'âme peuvent raconter librement avec leurs propres mots, les parents inventifs peuvent lâcher leur imaginaire et inventer des histoires pour le plaisir de leur enfant. Mais le livre avec une histoire toute faite a ses vertus, l'histoire est là, à portée de main, on fait des pauses, on parle, on explique les mots qu'il ne comprend pas, on reprend, on montre le nom du héros. Bientôt votre enfant va le reconnaître et entrer, grâce à lui, dans la lecture. Attendez-vous à ce qu'il vous demande toujours la même, avec les mêmes mots, la même intonation, cette répétition peut vous lasser, mais lui, ça le ravit !

bras est un petit rituel des plus apaisants dans la journée comme au moment du coucher.

## L'ÉCOLE DE LA COMMUNICATION

Il est temps maintenant que les parents abandonnent définitivement le parler bébé, si charmant soit-il et qu'ils reformulent ce que leur bout de chou exprime, en bon français, pour l'imprégner. Inutile de s'énerver pour autant s'il s'obstine à dire « popolat » pour chocolat, ne le grondez pas, contentez-vous de dire, vous, « chocolat ». De même, si vous vous empressez de répondre au moindre de ses désirs

**FAITES-LE RIRE !**

Il a déjà des notions d'humour, et apprécie les situations comiques. Tous les jeux d'imitation provoquent son rire. Détournez les objets : faire un micro de la poupée mannequin de sa grande sœur, ou de son lit une voiture, etc. Et quand vous vous trompez, exprès, il vous trouve très drôle !

avant qu'il n'ait le temps de les exprimer, vous n'encouragerez pas sa progression dans le langage. Pensez que si vous, vous le comprenez, ce ne sera pas le cas de tout le monde, anticipez donc son besoin d'échanges sociaux. Doudou ! vous dit-il. Ne vous précipitez pas, faites-le préciser ce qu'il veut, demandez-lui où est ce fameux doudou. Est-ce qu'il le veut ? Ne peut-il aller le chercher lui-même ? Complétez le plus possible ses simples mots en l'incitant à s'exprimer. C'est de cette façon qu'il va construire sa pensée et élaborer son langage.

Paroles de bébé

« *Ça dépasse !* »

*Pour le dessin (ou les gribouillages), donnez-lui de grandes feuilles de papier (on trouve de grands rouleaux de papier bon marché et des nappes en papier tout à fait adaptées), car pour lui, une feuille A4 est un peu petite et il déborde sur la table.*

Ne pas trop devancer ses demandes pour le pousser à s'exprimer mieux est une bonne chose, mais il ne s'agit pas de le laisser patauger dans un sentiment d'impuissance s'il ne trouve pas ses mots. Suggérez, questionnez, faites preuve d'écoute. Votre enfant ne cesse de désigner tout ce qu'il voit pour que vous nommiez les choses. Prenez le temps de lui répondre, mais de préférence par des phrases, il vous désigne une casserole, « c'est une casserole, c'est là-dedans que je cuis les légumes pour ta soupe ». Ainsi, vous l'encouragez à procéder de même et à ne plus se contenter de tout dire par un simple mot.

• Transformez ses « non ! » en petit jeu-concours. Il refuse de se laisser habiller ? Qui de lui ou de son frère (ou son père) le sera le premier ? Qui aura mangé sa purée le premier ? Ainsi, vous lui apprenez qu'on peut perdre à dire non, et gagner à dire oui.

• Plus que jamais, utilisez l'imagier, mais ne vous contentez plus de nommer les choses, décrivez-les, posez des questions simples comme qu'est-ce qui est le plus grand ? De quelle couleur est-il ? Il n'aurait pas oublié ses chaussures ? Dites aussi des bêtises, la tomate est bleue, pour voir s'il vous corrige, s'il ne vous corrige pas, faites-le de vous-même, bien sûr !

**Paroles de bébé**

« *Non !* » *Un des meilleurs moyens d'éviter le bras de fer est de détourner son attention par autre chose ou par une autre activité.*

• Développez de petites histoires autour de ces images, « regarde, le petit chien ne retrouve pas le chemin de sa maison, où est donc sa maison ? », par exemple.

• Il désigne tout ce qu'il voit en vous interrogeant du regard pour que vous nommiez les choses, faites-lui sentir que lui aussi connaît déjà beaucoup de choses, en désignant les objets qu'il sait nommer.

• Jouez au téléphone, avec un jouet ou en utilisant deux pots de yaourt, « Allô Pipoune ? Ça va ? » Laissez-le répondre à sa guise et posez-lui des questions : « Tu es où ? Tu es content ? Et ta maman, où est-elle ? » Il répondra avec le vocabulaire qu'il a, un peu ce qu'il veut.

• Jouez à nommer les parties du corps « Où est ta bouche ? Où sont tes pieds ? » Il doit vous les montrer, s'il n'y parvient pas, montrez-les-lui…

• Demandez-lui de choisir une partie de son corps qui sera son « pin pon ». Le jeu consiste à le câliner gentiment pour chercher cet endroit, et quand vous touchez cet endroit, il doit dire « pin pon ! ».

• Vous pouvez inventer des variantes, « je fais un bisou à Nounours… je fais un bisou à ma main… », et demandez-lui de vous imiter.

• Passez par le jeu pour introduire les premières notions de politesse, s'il vous plaît, merci, les fameux mots magiques commencent à s'acquérir à cet âge.

• Pendant les courses, montrez ce que vous achetez et nommez les choses, et leur couleur, dites pour quelle utilisation elles sont faites…

• Cachez un petit objet dans votre main gauche ou droite, « Dans quelle main est-il ? »

• Faites-lui nommer ses sensations en lui passant sur la main une pierre ponce (ça gratte), une éponge (c'est doux), une brosse, un gobelet (c'est lisse), un savon, etc.

• Offrez-lui une petite leçon de saveur en mettant dans de petites

**LES INDISPENSABLES**
Livres à pages de carton et de papier, jeux de construction, contenants gigognes, jeux d'enfilage, crayons de couleur, ballons, téléphone, petit balai, dînette, animal à bascule et aussi : poupée d'éveil, valisettes, puzzles, instruments de musique, bonshommes, avion, garage, voitures, etc.

assiettes une cuillerée d'un aliment : fromage, yaourt, miel, moutarde, ketchup, glace, confiture. Bandez-lui les yeux, faites-le asseoir et demandez-lui de goûter chacun des aliments avec le doigt. Aidez-le à exprimer ses sensations « c'est comment ? Amer, sucré, fort ? » et à deviner ce que c'est.

L'ÉCOLE DE LA LOGIQUE

Votre enfant a déjà de bonnes notions de l'espace et de la dimension. Il reconnaît les figures géométriques simples (carrés,

**Paroles de bébé**

« Danger ! » Pensez sécurité, fermez les portes, pas de casserole bouillante à sa portée, repassez en revue tous les nouveaux dangers pour les prévenir, montrez-les-lui, mais n'espérez pas qu'il les retienne en une fois, et qu'il n'ait pas envie de vérifier par lui-même. Vigilance, discipline, patience et pédagogie.

triangles, etc.) et son jeu de formes l'amuse beaucoup, il accède à ses premiers puzzles à une ou deux pièces s'ils sont faciles à manipuler. Il a mémorisé beaucoup de situations, fait nombre d'expériences et pris des repères qui l'ont rendu capable d'anticiper les effets induits par certains de ses gestes. Son intelligence toujours en éveil mesure, compare, retient, etc.

• Ranger, c'est jouer. Les jeux de tri continuent à l'amuser, mais vous pouvez maintenant aborder les choses en grand, le dernier jeu de la séance jeu, c'est de ranger les jouets dans la chambre en les triant par catégories dans des boîtes prévues à cet effet à portée de sa main.

• Posez quatre ou cinq objets sur la table. Il doit les observer, puis s'éloigner. Cachez un des objets, devinera-t-il lequel ?

• Comptez vos pas avec lui… Combien pour aller jusqu'à la cuisine, la chambre, la salle de bains, etc. Il va compter dans le désordre, mais c'est un début.

**Paroles de bébé**

≪ *Danger !* ≫ *Ne laissez rien traîner de dangereux, tout ce que vous utilisez, il a envie de l'utiliser lui aussi, attention aux fascinantes séances de bricolage qui risquent de lui inspirer de drôles d'idées. Expliquez, prévenez, rangez.*

• Comptez aussi les marches de l'escalier, ça donne du courage pour les monter.

• Inclinez une planche sur un mur, sa base reposant dans une cuvette ou sur une couverture, proposez-lui de faire essayer ce toboggan à ses jouets : une balle, des marrons, une pierre, un livre, une cuiller, etc. Il anticipera vite

**Paroles de bébé**

≪ *T'es pas joueur !* ≫ *Beaucoup de parents culpabilisent de ne pas jouer avec leurs enfants. Mais votre intervention n'a pas à être excessive, vous pouvez suggérer, montrer, détourner l'attention des initiatives dangereuses, accompagner, veiller, mais vous n'avez plus 2 ans, il le sait ! Comme il saura vous demander quand il a envie de jouer avec vous !*

la différence entre les objets qui roulent, qui glissent, qui restent statiques, avec élan ou non. Peu à peu, demandez-lui de deviner l'effet produit avant même le lancer.

Dans la baignoire ou une cuvette, on peut faire la même expérience pour découvrir ce qui flotte ou non. Vous voyez, il peut déjà aborder des notions de physique !

## L'ÉCOLE DES ARTS

Non seulement il est devenu très adroit, mais il est aussi très artiste, favorisez tous les petits bricolages, le dessin, les loisirs créatifs. Ce sont des activités calmes qui favorisent sa concentration et lui font découvrir le plaisir de réaliser. Collectez à l'avance ce qui va vous servir, vieux boutons, rubans, et avec lui, les coquillages sur la plage, des glands, des marrons, du feuillage, etc.

• Sur du papier adhésif, proposez-lui de réaliser une mosaïque avec de vieux boutons, si vous n'en avez pas, pensez aux merveilles que recèle la cuisine : lentilles, riz, petites pâtes, etc. ou aux tradition-

**Paroles de bébé**

≪ *Laisse-moi rêver...* ≫ *Il ne fait rien, et alors ? Le temps de rêver, et même de s'ennuyer un peu, n'est pas du temps perdu... Laissez-le rêver, deux écueils sont à proscrire, la sous-stimulation et la sur-stimulation. Entre les deux. Il y a des paroles échangées dans le calme, des jeux partagés ou non, et du rêve...*

nelles gommettes. Bien sûr, le chef-d'œuvre sera accroché dans sa chambre.

• Collez les photos des membres de la famille sur des cartons, que vous lui ferez décorer selon le même principe. Accrochez ces cadres comme un arbre généalogique dans sa chambre. Vous pourriez même dessiner les branches de cet arbre à même le mur.

• Suspendez à une corde quelques objets : passoires, bouteilles remplies de plus ou moins d'eau, pots de verre, incitez-le à tapoter doucement et en rythme avec un bâton ou une cuiller en bois.

## L'ÉCOLE DU MOUVEMENT

Il marche maintenant avec aisance, mais il ne sait pas vraiment sauter et quelques exercices d'équilibre vont le rendre plus agile. Des experts ont détecté un lien entre le sens de l'équilibre et le sens de l'écriture et de la lecture.

• Il apprécie toujours les jeux de balançoire, une simple couverture constitue un hamac dont les deux points d'ancrage seront les deux adultes qui la tiennent. Au sortir du bain, une serviette passée sous ses aisselles suffit à le maintenir dans un mouvement de balancier.

• Apprenez-lui à tenir sur un pied, comptez, puis l'autre,

## BÉBÉ FACE À L'ÉCRAN

Face à la prolifération des chaînes et programmes pour enfants, à la fascination qu'elle exerce sur eux, et à l'apaisement qu'elle crée, la télévision est bien tentante. Il est même tentant de se servir de l'écran comme nounou. Toutefois, certains psychiatres et psychanalystes comme Serge Tisseron ne sont pas favorables à la télévision qui, selon eux, n'a rien d'une activité d'éveil, et a tendance à fabriquer des enfants téléphages.

En effet, l'apprentissage des petits est le produit d'une interaction entre lui et le monde qui l'entoure, ce que procure d'abondance notre bon vieux monde réel. Même les émissions programmées pour les tout-petits ne favoriseraient en rien leur éveil. Par ailleurs, avant 18 mois, un enfant ne peut fixer son attention plus de six minutes. L'unanimité est donc au rendez-vous : pas de télé avant 18 mois. Ensuite, avec modération, tâchez de ne pas les laisser seuls devant la télévision, ce qui leur évitera de subir des éléments du programme mal adaptés à leur âge, des images qui les choquent, qui les troublent et qu'ils ne comprennent pas ou qui ne peuvent être digérées qu'avec vos explications.

Attention aux programmes que regarde l'aîné, un enfant de deux ans se sent menacé dans son intégrité corporelle s'il voit des corps blessés, et ne fait pas encore la différence entre réel et imaginaire. D'où l'importance de sélectionner les programmes et de votre présence à ses côtés.

Rappelez-lui dès que vous le voyez mal à l'aise que ce qui passe à l'écran n'est pas la réalité. Pour éviter les pubs et les actualités intempestives, les programmes enregistrés de courte durée sont préférables au libre accès.

À partir de 2 ans, vous pouvez également emmener de temps en temps votre bambin au cinéma, de nombreuses salles art et essai proposent une programmation spécifique pour les tout-petits avec des séances écourtées, et pour certains d'entre eux, des aménagements adaptés : veilleuses pour éviter la salle noire, rehausseurs de siège, et un volume sonore adapté. Vous pouvez tenter un essai, en lui expliquant comment la séance va se dérouler auparavant.

comptez, il pourra apprécier et vous aussi ses progrès.

• Dehors : on saute sur une montagne de feuilles mortes, un tas de sable, on s'y roule, on les lance en l'air (les feuilles, pas le sable !).

• Encouragez-le à sauter pour attraper vos doigts.

• Installez-le dans le panier à linge et baladez-le au travers des pièces, il va adorer, quand vous en avez assez, proposez-lui de se fatiguer à son tour un peu en promenant de même son nounours ou sa poupée.

• Si vous êtes deux, tenez chacun un bout d'un manche à balai au-dessus d'un tapis mousse ou d'un grand lit. Pour un petit, voilà une vraie barre fixe, à laquelle il va pouvoir s'accrocher.

• Si vous avez une petite échelle en bois, posez-la au sol pour qu'il puisse marcher entre les barreaux, ou uniquement sur les barreaux.

• Installez des pots de jardinage de taille moyenne sur le sol espacés de 40 cm, il peut faire un slalom à quatre pattes en passant entre les pots.

• Quelques chaussettes roulées dans un collant usagé et fermé d'un nœud feront une balle légère pour se faire des passes, sans casse, à l'intérieur de la maison.

• Je suis ton robot conduis-moi ! Il se juche sur vos pieds et vous commande : « Avance ! Va à la cuisine ! » Trompez-vous un peu, nul ne prétend que ce robot doit être intelligent (à la piscine, vous serez son robot nageur qu'il tient par le cou pour l'accoutumer aux joies de l'eau).

• Je suis ton cheval, il vous enfourche, nul n'a dit que ce cheval était plus intelligent que le robot…

## L'ÉCOLE DU MIME

Il adore faire comme s'il était grand, et passe son temps à imiter tout ce que font ses aînés et ses parents. Il vous observe et veut tout faire comme vous, le ménage, la cuisine, encouragez ses initiatives en le surveillant de près. Sa maladresse peut vous incliner à le limiter, mais pensez que cette capacité d'imitation est la voie royale vers son autonomie…

• Gardez en réserve de vieux vêtements pour qu'il puisse se déguiser en papa, en maman, en mamie. C'est encore mieux que des panoplies.

• Réalisez avec lui son premier gâteau au yaourt.

• Laissez-lui l'accès à un petit balai ou la balayette, il aime faire comme vous, les petits gestes simples du ménage.

• Encouragez-le à ranger son assiette, essuyer la table. Il adore la cuisine, laissez-lui faire de petites tâches sans exiger la perfection, comme disposer les quartiers de pomme sur la pâte à tarte. Il adore, ça montre comme il est grand. De bonnes habitudes d'entraide s'installent dès à présent.

# LA P'TITE FABRIQUE DE JOUETS

### UN MINI GOLF

Il lui faut un bâton, ou un petit balai en guise de canne. Pour constituer des chemins et des ponts, utilisez ses cubes ou les éléments des jeux de construction, vous pourrez réaliser de petits toboggans avec des rouleaux de carton coupés dans le sens de la longueur comme des tuiles qui conduiront dans des cuvettes ou semer le parcours d'obstacles matérialisés par des pots, des quilles ou quelques jouets. Demandez-lui de faire glisser avec le bâton la balle entre les obstacles. Le grand frère ou la grande sœur se fera une joie d'installer ce parcours pour votre bout de chou.

### UN IMAGIER MAISON

Réalisez vous-même un imagier personnalisé et à son

goût en collant sur de grandes cartes en carton des images de votre choix que vous découperez ou photocopierez dans des magazines, des photos de famille (et de bébé à différents âges), des objets de la maison, des fleurs, des légumes ou des fruits que vous photographierez vous-même et imprimerez à cette fin. Rangez ces images dans un panier ou dans une boîte que vous mettrez à sa disposition. Vous pouvez vous amuser à faire des doubles pour des parties de Memory géant.

# IL DEVIENT autonome

*Moi tout seul ! Tel est son nouveau cri de guerre. La pédagogue Maria Montessori a merveilleusement traduit le véritable sens de cette revendication par « aide-moi à faire tout seul ». C'est tout l'enjeu de cet âge, construire son autonomie dans le respect des autres et de soi. Il veut donc tout faire tout seul, et s'il n'y parvient pas, il se fâche. Il ne veut pas que vous fassiez à sa place mais que vous lui montriez calmement, sans impatience comment faire. Il est à l'âge paradoxal de l'opposition et de l'imitation. Un âge un peu tyrannique où il est submergé par ses émotions, impatient d'obtenir ce qu'il désire, doté d'un sentiment de surpuissance qui le rend parfois incontrôlable et d'une exigence pénible, mais n'oubliez pas qu'en dépit de ses progrès immenses, il s'agit encore d'un bébé qui a besoin que vous soyez pour lui un guide sûr et affectueux.*

# J'AI MON PETIT CARACTÈRE

## COMMENT S'Y PREND BÉBÉ ?

Sa petite personnalité s'affirme au prix de quelques manifestations excessives : caprices, impatiences, peurs paniques. En même temps, votre bébé est devenu un vrai partenaire de vie, qui prend bien sa place dans la famille et interagit sans cesse avec son entourage. Sa sociabilité se développe, les autres (vous les parents, les aînés, les autres enfants) le fascinent. Il observe, imite, adore toujours jouer à côté, mais avec votre aide, il va commencer à vouloir « jouer avec ». Bien sûr, il aimerait que ce « jouer avec » comble ses seuls désirs, car il a toujours du mal à imaginer qu'on puisse désirer autrement que lui. C'est important d'en prendre conscience pour éviter de l'enfermer dans des qualificatifs négatifs comme « Égoïste ! Vilain ! Méchant ! ». Non, il n'est ni vilain ni méchant, il n'a pas encore compris que les autres peuvent fonctionner différemment de lui.

C'est fréquent qu'à cet âge, un nouveau comportement se mani-

> **Paroles de bébé**
>
> « *Tu triches !* »
> *Non, il ne faut pas tricher dans les jeux ni en défaveur ni en faveur de l'enfant. Il n'a pas besoin de gagner systématiquement, mais de gagner pour de vrai. Prenez donc soin de choisir des jeux à sa portée.*

feste : votre ange mord, devient turbulent, capricieux, bref casse-pieds. Pour que les angles s'arrondissent, il va vous falloir rester ferme sans être brutal, patient (en répétant les interdits) sans être laxiste (en fermant les yeux sur les bêtises). Et surtout cohérent, les interdits sont les interdits, s'il ne faut pas dire de gros mots, n'en dites pas non plus, s'il ne faut pas faire de caprice, maîtrisez vos nerfs, s'il ne faut pas taper, on ne le tape pas, même pour lui montrer comment ça fait. Grâce à votre fermeté et votre patience, votre enfant

**FAITES-LE RIRE !**

Votre bout de chou devient un petit plaisantin, et il trouve désopilantes toutes les histoires de « pipi, caca, fesses » et n'a nul besoin d'être encouragé sur ce thème. Il adore également qu'on emploie un mot pour un autre. Eh oui, désormais les poissons volent et les oiseaux nagent, etc.

va intégrer que ce sont les adultes qui fixent les règles, et qu'elles sont valables pour tout le monde.

Déjà, l'école est à l'horizon, et il faut favoriser sa relation aux autres, lui donner le sens du partage, de l'empathie, et améliorer ses capacités de concentration. La pédagogie Montessori peut vous y aider. Ainsi que l'initiation aux jeux de société, qui doivent être à sa portée.

L'ÉCOLE DU PARTAGE

Se mettre à la place de l'autre, accéder à sa peine, c'est

l'empathie dont votre bout de chou peut montrer les premiers signes. De là à prêter son jouet, à attendre son tour lors d'une distribution de gourmandises, c'est moins évident. Ce n'est pas parce que vous l'avez pourri gâté, c'est que ses dispositions sociales sont encore balbutiantes. Avec patience, vous allez l'aider à apprendre comment se comporter, par l'exemple, et la

**Paroles de bébé**

≪ *Pas pour moi !* ≫ *Faites-le jouer avec des jouets de son âge pour encourager son développement mental et physique, ce qui n'est pas de son âge peut être dangereux pour lui ou le décourager.*

pédagogie. Apprenez-lui merci, s'il vous plaît, respectez vous-même scrupuleusement ces règles, soyez partageur, il apprendra à l'être, soyez généreux, il le deviendra. C'est le moment de créer des occasions de rencontres, en invitant les petits voisins, les cousins, en l'emmenant au parc. Mais ne vous impatientez pas, la plupart des enfants n'arrivent à percevoir les situations du point de vue des autres qu'après 3 ans. Enfin ne le comparez pas aux autres qui ne sont pas plus mignons mais ont seulement déjà capté certaines choses (trois mois d'écart, la présence d'aînés peuvent y contribuer) et valorisez ses efforts pour s'améliorer.

• Il bute sur un problème ? Les librairies jeunesse regorgent de petits albums présentant les situations de vie (le partage, le pot, la jalousie, etc.) qui préoccupent les tout-petits, ils l'aideront à exprimer ses soucis et à trouver les solutions.

• Inscrivez-le à des activités musicales ou sportives pour qu'il puisse rencontrer d'autres bambins. Il apprendra vite à se faire des amis et à avoir une vie sociale active.

• Invitez d'autres petits chez vous et initiez-les à quelques jeux collectifs comme les rondes, les parties de cache-cache ou de cache-tampon, les jeux de chenille où l'on fait le tour du salon à quatre pattes en se tenant par les pieds.

• Incitez-le, quand vous avez des invités, à la courtoisie, à mettre la table, à rendre de menus services qui vont épater la galerie et le flatter.

• Jouez à la bataille, un jeu où il gagnera et perdra tour à tour.

• Abordez les premiers jeux de société (de son âge exclusivement), très bon moyen d'apprendre le partage et s'attendre son tour. Préférez ceux, plus attrayants, qui mettent en scène une petite histoire.

## L'ÉCOLE DE L'IMITATION

Il veut toujours imiter l'adulte, goûter ce que vous mangez, faire ce que vous faites. Sa vie mentale se développe, il pense encore le

**Paroles de bébé**

≪ *Pas fini !* ≫
*Ne l'interrompez pas comme vous n'aimeriez pas l'être, prévenez-le à l'avance de la fin du jeu :* « *Tu joues encore 10 minutes, et puis après, c'est le bain !* ».

monde de façon un peu magique. Tout vit, le chemin, l'arbre, les objets ont une vie à eux. Son imaginaire aussi s'épanouit, et il adore qu'on le nourrisse d'histoires. Attention ! Il anticipe encore très mal le danger… Heureusement votre enfant est aussi en âge de comprendre des explications et des ordres simples. Dites-lui ce qui est interdit et expliquez toujours pourquoi (« ça brûle », « tu peux tomber », etc.). Et bien sûr, ne le laissez jamais sans surveillance !

• Il aime se laver ses mains, dépoussiérer, cirer des objets, faire une petite vaisselle.

• Vous pouvez selon la pédagogie Montessori lui montrer comment nettoyer un miroir sale (posé sur la table) en passant le chiffon de gauche à droite et de haut en bas (sens de l'écriture) en formant de petits O. Cette activité préparant à l'écriture donne un beau résultat immédiat : un miroir tout propre.

**LES INDISPENSABLES**

Puzzles • jeu de Memory • premiers jeux de société • livres • jeux de construction • peinture • gommettes • la petite maison en toile • lès petits univers (ferme, garage, zoo, etc.) • l'épicerie • dînette • voitures • camions • trains • tableau noir ou tableau blanc.

• Apprenez-lui à enfiler de grosses perles, cette petite manipulation l'entraîne à plus de minutie, qu'il soit garçon ou fille.

• Sortez tous les chapeaux et

bonnets de vos placards et jouez avec lui devant un miroir. Voir son minois changer sous chaque coiffe va beaucoup l'amuser.

• Faites avec lui sa première cabane, un gros carton d'emballage où vous découpez portes et fenêtres. Qu'il pourra décorer à sa façon à l'aide de gommettes et du papier adhésif ou à coller (en magasins de décoration ou de loisirs créatifs). Ou tout simplement, un drap ou une couverture étendu entre deux chaises constituera une petite tente démontable. Dedans, mettez quelques coussins, sa poupée, des livres, etc.

**Paroles de bébé**

*« Pas tout seul ! »* Privilégiez les jeux par équipe, ou ceux où tout le monde gagne en répondant à un défi, ou les jeux à mémoire visuelle (comme les lotos ou Memory) où les petits se montrent très forts.

## L'ÉCOLE DU MOUVEMENT

Sur le plan moteur, il a dépassé bien des limites, il marche, court, grimpe, sait se relever quand il tombe, monter seul une marche, éviter les obstacles, pousser des objets importants en poids et volume ! À 30 mois, il monte les escaliers en alternant les pieds (la maîtrise de cette compétence indique qu'il est capable de devenir propre) mais il ne les descend pas avec la même aisance. À 2 ans, il manque encore de souplesse au niveau des chevilles et des genoux, sa démarche est encore un peu saccadée, quelques exercices peuvent l'aider.

## JEU DE FILLE OU JEU DE GARÇON

Tant que votre enfant jouait avec ses cubes et ses peluches, vous ne vous posiez guère la question. Pourtant, entre 2 et 3 ans, une certaine différence peut se faire jour dans les choix des filles et des garçons. Les filles semblent avoir connaissance de la littérature psy qui veut qu'elles prennent leur mère pour modèle et s'activent avec leurs poupées et leurs dînettes. Les garçons rêvent de leurs premiers héros masculins armés et musclés et font des bruits de moteur avec leurs camions et leurs petites voitures. Au début, le petit imite l'adulte dans toutes ses activités, qu'elles soient féminines ou masculines. Le petit garçon berce son nounours et le couche, la petite fille caracole sur son camion porteur. D'où vient le changement ? C'est un peu l'histoire de la poule et de l'œuf. Un papa qui cuisine ne verra pas d'un œil inquiet son petit garçon jouer à la cuisine. Mais beaucoup de parents tiquent de voir leur petit mâle se déguiser avec les vêtements de sa mère, et leur fillette refuser les robes et s'intéresser aux petites voitures. Même avec des parents particulièrement tolérants, l'enfant sera exposé à un monde commercial qui a décidé d'entériner cette répartition des jouets par sexe comme si elle était toute naturelle. Réflexions des uns et des autres, catalogues de jouets aux pages roses et bleues, publicités qui vantent les mérites de la machine à laver miniature en mettant en scène une fillette et celui des robots par la voix d'un garçon, différenciation marquée des rayons jouets pour les filles et les garçons dans les magasins nous conduisent l'air de rien vers cette partition traditionnelle qui correspond de moins en moins à la vie réelle. Les mamans, pour la plupart, travaillent, les papas de plus en plus pouponnent et participent aux tâches ménagères, même si ce n'est toujours pas à égalité. Une enquête de l'association Du côté des filles portant sur les albums jeunesse (en France, en Espagne et en Italie) a montré que dans les livres pour enfants, les personnages masculins sont toujours prédominants et occupent bien plus souvent le rôle du héros. 83,3 % des 156 pères mis en scène dans les albums occupent le rôle de personnage principal, contre 16,7 % des 202 mères. Les mamans sont le plus souvent montrées en train de préparer le dîner (et nul ne dit si elle a travaillé la journée) tandis que le papa, très préoccupé par son travail, se repose dans son fauteuil. D'un côté le tablier, de l'autre le porte-documents.

Comment positionner votre petit bout qui ne demande qu'à devenir un adulte épanoui dans cette affaire ? Les vêtements sont devenus unisexes, pourquoi pas leurs jouets ? Nous ne prétendons pas avoir une réponse toute faite à ce sujet, toutefois, admettons de laisser nos enfants se mouvoir dans ce monde complexe le plus librement du monde. Et si Rémi veut donner à manger à sa poupée, ou balayer le salon, tandis qu'Émilie demande un garage au père Noël, n'en tirons pas des conclusions hâtives et restrictives sur leur devenir.

- C'est le moment de l'initier au foot (fille ou garçon).

- Dessinez une ligne à la craie sur le carrelage ou le parquet, ou tendez un fil de laine sur la moquette, demandez-lui de marcher sur cette ligne.

- Apprenez-lui à sauter à cloche-pied.

- Réalisez avec quelques jouets un parcours à obstacles par-dessus lesquels il doit sauter, inutile de les prévoir trop hauts pour commencer, l'important est de sauter.

- Apprenez-lui à marcher sur la pointe des pieds, et plus dur, sur les talons.

## L'ÉCOLE DES SAVOIRS

Utilisez son appétit de savoir et cette capacité d'absorption qu'a observés Maria Montessori, médecin et inventeur de méthodes pédagogiques et d'écoles du même nom. Il existe une foule de sites de parents et d'éducateurs ayant adopté cette pédagogie. Il existe même des formations pour les parents motivés qui veulent s'initier à ces techniques très précises. La règle étant de ne pas forcer et de suivre les possibilités de progrès de l'enfant. Déjà, il peut être prêt à améliorer ses dessins et ses capacités en écriture, travailler sa mémoire et sa logique. Il devient capable de s'habiller et se déshabiller lui-même, de plier ses habits si on lui montre tranquillement comment procéder. Voici quelques jeux qui le mettent en douceur sur la voie de la scolarisation, lui apprennent la concentration, l'ordre, et font travailler la préhension fine, compétence indispensable à l'apprentissage de l'écriture.

**Paroles de bébé**

*« Pas solides !* Préférez désormais les livres en papier ou en carton renforcé pour qu'il prenne l'habitude de prendre soin de ses livres, de ne pas les mâchouiller ni les laisser traîner.*

- Sur de grandes feuilles de papier, montrez-lui comment tracer des lignes droites.

- Faites-lui des demandes qui associent plusieurs informations, « Apporte-moi ton pull rouge qui est dans ton armoire, tes chaussures qui sont dans ta chambre… et pose-les sur le canapé », par exemple.

• Initiez-le au pliage de papier, en procédant par étapes, on plie en deux une feuille en suivant un trait, puis en quatre, tout doucement… dépliez, faites-lui colorier les carrés ainsi formés.

• Faites-lui faire la différence entre plus grand et plus petit, rond et carré, triangle, etc., avec ses jouets.

• Apprenez-lui à dessiner un cercle fermé.

• Faites-lui poser des pinces à linge à cheval sur le rebord d'un bol de plastique.

• Apprenez-lui à dire son nom, son âge, montrez-lui le nombre correspondant à son âge avec les doigts.

• Faites-le jouer avec un jeu de trois cadenas (achetés dans un bazar), il s'agit d'ouvrir chacun des cadenas avec la bonne clef, et de les refermer.

• Le tri des chaussettes, voilà une corvée dont il aimera se charger, posez-les sur le sol (commen-

**Paroles de bébé**

*≪ Apprends-moi ! ≫ S'il se montre curieux des lettres, vous pouvez lui designer les voyelles dans son livre d'histoires et lui apprendre à les repérer, puis les consonnes.*

*≪ Moi tout seul ! ≫*
*Il aime faire des décou-*
*pages, vers 30 mois, on*
*peut lui confier des*
*ciseaux à bout rond.*

cez d'abord par trois paires bien distinctes) et demandez-lui de trouver les paires que vous plierez. Plus tard, il prendra également en charge le pliage.

• Quand il est un peu surexcité, jouez au silence, doigt sur la bouche et bras croisés comme à l'école, d'abord trente secondes, puis augmentez peu à peu la durée.

• Faites des collectes de cailloux, de marrons, de glands qui vous seront bien utiles pour jouer à la maison (voir la p'tite fabrique).

# LA P'TITE FABRIQUE D'ACTIVITÉS

### SES PREMIÈRES PEINTURES

La peinture est un régal pour certains enfants, mais leur tendance à mettre les doigts dans la bouche peut faire hésiter. Sans atteindre la qualité décorative des peintures du commerce, on peut en créer à la maison, lavables et non toxiques.

On peut emprunter des recettes de peinture à base de caséines utilisées par les artisans soucieux de l'écosystème. Le mélange est un peu complexe (évitez les recettes comprenant de la chaux). Toutes sortes de recettes apparaissent sur le Net quand on tape « peinture bio » ou « écologique » ou « non toxique ».

### Recette simple :

On peut réaliser une peinture en mélangeant eau, colorants alimentaires et farine ou fécule jusqu'à obtenir un mélange de consistance crémeuse. À la place des colorants, certains préfèrent utiliser des épices comme le curcuma pour le jaune ou du jus de betterave pour le rouge, etc., mais les colorants alimentaires, comestibles à petites doses, ont l'avantage de permettre toutes les couleurs primaires (rouge, jaune, bleu) et, associées entre elles, les couleurs secondaires (orange, vert, violet).

### Recette un peu plus compliquée :

• Diluer 60 g de Maïzena ou de fécule dans 75 cl d'eau froide.

• Diluer 6 g de gélatine en poudre dans un quart de tasse d'eau.

• Verser deux tasses d'eau bouillante dans une casserole avec la fécule diluée, mélanger, cuire à feu moyen jusqu'à ébullition.

• Retirer du feu et mélanger avec la dilution de gélatine.

• Vous pouvez répartir ce mélange dans divers pots et y ajouter un peu de colorant alimentaire pour obtenir du rouge, du jaune et du bleu. Les colorants peuvent se mélanger entre eux pour obtenir du violet, du vert et de l'orange.

> **Paroles de bébé**
>
> ≪ *Vilain le vase !*
> *Avant 3 ans, un enfant*
> *pense le monde de façon*
> *encore assez animiste.*
> *Ce n'est pas par malice*
> *qu'il accuse votre vase*
> *Ming d'être tombé, il en*
> *est persuadé.* ≫

## DES ACTIVITÉS SUR INTERNET, OUI OU NON ?

Il faut vivre avec son temps, certes, et il faut reconnaître qu'Internet propose une manne d'activités pour les enfants. Pensez toutefois que jusqu'à 3 ans, rien ne vaut une bonne partie de ballon en plein air, ou un jeu qui permet de toucher et de sentir les choses. L'interactivité pour les petits ne doit pas être trop virtuelle.

Toutefois, Internet propose une foule de sites qui vont vous aider à trouver de nouvelles activités pour jouer avec vos enfants, des pages de coloriage à imprimer, et des jeux éducatifs charmants à utiliser en microséances, une partie et c'est fini !

Nos sites préférés :

- **Radioouistiti.com**
  Radio destinée aux 0-8 ans avec des activités conçues pour eux par des professionnels de la petite enfance et des médias.

- **http://julieadoredimanche.blogspot.com**
  Blog bourré d'idées conçu par une institutrice.

- **http://www.teteamodeler.com**
  Activités manuelles pour parents et enfants.

- **http://www.poissonrouge.com/kidscorner**
  Un univers enchanté avec une myriade de jeux très intuitifs et de courte durée. Bilingue anglais-français.

- **http://petitvelorouge.free.fr/Nouveau/jeux0.html**
  Coloriages en ligne, jeux de mémoires, assemblages, etc.

- **http://www.radio-canada.ca/jeunesse/petits/jeux**
  Le site de Radio Canada avec une sélection pour les

**Paroles de bébé**

≪ *Stop !* ≫ *Il peut courir loin de vous, trop loin, et grimper haut, trop haut, il n'a pas encore le sens des limites et a besoin de vous et de vos explications pour le protéger.*

tout-petits de Memory et des jeux de reconnaissance de formes, des comptines.

- **http://www.tiji.fr/tout-tiji**
  Voici le site de la chaîne Tiji, des jeux interactifs très faciles et très encourageants.

- **http://www.lemondedevictor.net**
  Très jolis puzzles sur ce site, jeux musicaux, jeux de décalcomanie.

- **http://diddlkid.diddl.fr**
  Coloriages en ligne, jeux de Memory.

- **http://guillestre.free.fr/html/hautesalpes/flash.html**
  Un festival de cris d'animaux.

- **http://www.loraly.com/petitmenu.html**
  Memory, puzzles, coloriages, cris d'animaux, logique, etc.

- **http://www.yoopa.ca**
  Un site québécois avec des jeux très animés et attrayants.

# DES JEUX DE PRÉCISION

### POUR LE PRÉPARER AUX ACTIVITÉS SCOLAIRES

Pour le préparer aux activités scolaires qui demandent calme, précision, organisation et concentration, vous pouvez vous adonner aux jeux de versés et de tris avec votre enfant. Ces jeux sont de grands classiques de la pédagogie Montessori, les conditions de jeu sont assez précises, on procède en silence en montrant avec des gestes lents toute l'opération, en s'arrêtant un peu entre chaque étape. Puis on invite l'enfant à faire de même. Il s'agit de mettre à profit ce que la pédagogue nommait « l'esprit absorbant de l'enfant », qui se montre capable d'observer l'enchaînement de plusieurs gestes et de les reproduire à son tour. Ces jeux à sa portée favorisent sa concentration, son observation et la préhension fine.

Le principe n'est pas que cela soit barbant, mais passionnant. Un jeu peut l'ennuyer, et l'autre le captiver, suivez le mouvement, n'imposez rien. Ne dites pas qu'il fait bien ou mal, n'interrompez pas sa concentration. Un certain céré-

**Paroles de bébé**

« *Dehors !* »
*Bébé est devenu une boule d'énergie, les sorties au parc pour courir, sauter, se défouler lui sont plus que nécessaires.*

monial est conseillé, comme de disposer un carré de toile cirée réservé à cet usage sur la table basse qui est à sa hauteur. Il est bon qu'il range les objets dont il doit connaître la place, à la fin de l'activité. Et c'est seulement une fois le jeu rangé qu'on le félicite.

● Il faut présenter deux pichets, l'un vide, l'autre empli aux trois quarts de pois chiches ou de haricots sur le plateau. Et montrer à l'enfant comment verser le pichet plein dans le vide. Puis verser le pichet rempli dans le pichet vidé. En prenant soin de vérifier si des pois chiches ne sont pas tombés dans le plateau. Si c'est le cas, on les ramasse un à un entre trois doigts (comme on tient un crayon). Après avoir montré toute l'opération à l'enfant sans commentaires verbaux, on l'invite à le faire à son tour (ce jeu peut être proposé dès 18 mois).

● Sur un plateau, placez deux bols, à gauche un bol vide, à droite un bol empli aux trois quarts de pois chiches et une petite cuiller. On transvase les pois chiches d'un bol à l'autre avec la petite cuiller, sans trop la remplir. Puis on fait un versé dans le sens contraire. De la même façon que précédemment, on ramasse un à un entre trois doigts les pois chiches qui se sont échappés (ce jeu peut être proposé dès 2 ans).

**Paroles de bébé**

*« Vite ! »* *Prévoyez d'intégrer les règles d'un jeu de société avant de lui proposer une partie. Si vous hésitez avant chaque tour, cela va le déconcentrer.*

• Autre variante, présentez-lui un panier vide à gauche, un panier avec des noix ou des marrons à droite, et une pince à glaçons. Avec la pince, on transfère les éléments d'un panier à l'autre.

**Paroles de bébé**

« *Ça, c'est un chien !* » *À 2 ans, un enfant gribouille librement et attribue une signification à son dessin par la suite.*

• Quand c'est acquis, proposez la même activité avec des noisettes et une pince à sucre.

• Puis, proposez des boules de coton de trois couleurs différentes, trois paniers vides et une pince à cornichons, il doit remplir chaque panier avec les boules de coton d'une même couleur.

• Et enfin, un transfert d'un récipient à l'autre, selon le principe cité plus haut, de grains de maïs avec une pince à épiler.

• Tracez un trait à un niveau différent sur trois gobelets en plastique transparent. Présentez des graines (des lentilles, par exemple) dans un pichet et proposez à votre enfant de les verser jusqu'au trait.

• Collez dans chaque alvéole d'une boîte à œufs une lentille, un grain de riz, un bouton, un pois chiche, une coquillette, un grain de poivre. Et présentez tous ces ingrédients en quantité dans de petites coupelles. Avec une pince à épiler, votre enfant doit remplir les alvéoles.

• Enfin, on peut approcher la lecture en utilisant des lettres rugueuses (découpées dans du papier de verre) ou formées dans de la pâte à modeler et les faire découvrir à son enfant par une approche sensorielle. Toucher les formes est une première étape dans la reconnaissance.

Vous trouverez des modèles pour réaliser ces lettres sur ces sites Internet :

- **http://web.mac.com/gmhbarbier/JournalMontessori/Téléchargements.html**

- **http://web.mac.com/gmhbarbier/JournalMontessori/Calligraphie.html**

- **http://aidelavie.blogspot.com/2010/12/lecture-1-margaret-homfray.html**

# DES REPÈRES DANS L'ÉVEIL DE VOTRE ENFANT

## L'HABILETÉ MANUELLE

**JUSQU'À 3 MOIS ENVIRON :**

- Réflexe archaïque de préhension et d'agrippement.

**VERS 3 MOIS :**

- Il peut tenir un objet quelques secondes dans sa main.
- Il tend ses bras vers l'objet pour l'attraper.

DE 3 À 6 MOIS :

- Il saisit un objet avec quatre doigts.
- Il joint ses mains pour jouer avec.
- Il attrape ses pieds et orteils et joue avec.
- Il lâche son jouet à la vue d'un autre.
- Il cherche à attraper d'une main.
- Il fait passer un objet d'une main à l'autre.

DE 6 À 9 MOIS :

- Ramasse de petits objets entre le pouce et l'index.
- Rapproche et compare deux objets.
- Lâche volontairement les objets.

DE 9 À 12 MOIS :

- Il jette et reprend les objets.
- Avec son index et son pouce, il fait la pince pour ramasser de petits objets.
- Il peut vous donner un objet.

DE 12 MOIS À 2 ANS :

- Il peut introduire un objet dans un autre.
- Il superpose deux cubes.
- Il mange seul à la cuiller, tourne les pages de son livre (deux ou trois à la fois).

- Il peut commencer à gribouiller.

DE 2 À 3 ANS :

- Il enfile ses chaussettes, ses chaussures.
- Il fait des tours de cinq ou six cubes.
- Ses gribouillages s'affinent, il leur donne du sens.
- Il peut tracer des traits et des boucles.
- Il enfile son pantalon.
- Il peut enfiler des perles, et boutonner les gros boutons.

*N.B. : Jusqu'à deux ans et demi, les enfants sont ambidextres, ils se latéralisent à gauche ou à droite entre 3 et 4 ans.*

VERS 3 ANS :

- Il arrive à s'habiller et se déshabiller seul, mais il faut l'aider pour les fermetures.
- Il dessine et peut couper du papier avec une paire de ciseaux.

# L'ÉVOLUTION DE LA MOTRICITÉ

JUSQU'À 3 MOIS :

- Il lève le menton, puis relève la tête.
- Il contrôle le port de sa tête.

DE 3 À 6 MOIS :

- Il tient parfaitement sa tête.
- Il pousse avec ses mains pour se redresser et se retourner.
- Il met les doigts dans sa bouche.
- Il peut se tenir assis quelques instants s'il est tenu d'abord sur les genoux, puis sur une chaise.
- Il pédale et joue avec ses pieds quand il est sur le dos.

DE 6 À 9 MOIS :

- Il s'assoit seul.
- Il se retourne sur le dos et le ventre.
- Il se tient debout en se tenant.
- Il recule pour ramper.

DE 9 À 12 MOIS :

- Il tient parfaitement assis et peut se tourner pour attraper un objet.
- Il passe de la position couchée à la position assise avec aisance.
- Il rampe ou marche à quatre pattes.
- Il fait quelques pas en prenant appui.

- Il se met debout seul en s'agrippant

## DE 12 MOIS À 2 ANS :

- Il marche seul.
- Il peut monter des escaliers à quatre pattes.
- Il sautille.
- Il court et escalade les meubles du salon.

## DE 2 À 3 ANS :

- Il peut monter les escaliers debout sans alterner les pieds puis les descendre.
- Il court avec aisance.
- Il peut sauter pieds joints, puis sur un pied.
- Il peut ramasser un objet à terre en se baissant.
- Il peut shooter dans un ballon.
- Il peut faire du tricycle.

# L'APPROPRIATION DU LANGAGE

## JUSQU'À 2 MOIS :

- Il exprime son mal-être par les pleurs, sourit d'aise

quand il se sent bien.

- À partir d'environ 2 mois :
- Il sourit intentionnellement.
- Il gazouille de bonheur, fait des bruits à base de voyelles puis de consonnes.

## DE 3 À 6 MOIS :

- Il dit « a…euh… », le fameux arreu.
- Il fait « Mmmmm » quand il pleure.
- Il pousse des cris de joie.
- Il déchiffre bien les expressions de ses proches.
- Il rit.
- Il sourit quand il se voit dans le miroir
- Il tend les bras vers vous pour être pris dans les bras.
- Il comprend quand on l'appelle par son prénom.
- Il produit des sons plus variés et plus longs.
- Il varie le volume sonore de ses vocalises.
- Il prononce des syllabes qu'il peut associer par deux ou trois.
- Il parle le jargon international des bébés qui utilisent les mêmes sons dans le monde entier.

## DE 6 À 9 MOIS :

- Il accède au babil, qui n'utilise que les sons de la langue maternelle.
- Il répète plusieurs fois le même son ; bababa, dadada.

- Il dit son premier mot, souvent Papa, sans en saisir le sens.
- Il comprend quand on lui dit « non » et « au revoir ».

## DE 9 À 12 MOIS :

- Il tape dans ses mains, fait « bravo » et « au revoir ».
- Il envoie un baiser, montre du doigt, fait « merci ».
- Il sait acquiescer avec la tête.
- Il aime faire le clown.
- Son babil mime vraiment le langage, avec des rythmes et des intonations.
- Il comprend des mots et des phrases simples.

## DE 12 À 18 MOIS :

- Il fait non de la tête
- Il continue à babiller, en utilisant les intonations.
- Il dit ses premiers mots (trois en moyenne à 1 an) et en comprend beaucoup plus.
- Les étrangers ne le comprennent pas bien, mais ses parents, oui.
- Il aime dire non.

## DE 18 MOIS À 2 ANS :

- Son vocabulaire s'étend de jour en jour.
- Il dit « moi ».

À PARTIR DE 2 ANS :

- Il accède aux phrases simples (deux mots) sans pronom ni article.
- Il peut utiliser « je » et « tu ».
- Il peut savoir prononcer cent mots et en comprendre le double.
- Il a déjà de petites expressions bien à lui.
- Il commence à jouer avec les mots.
- Il introduit l'imparfait.
- Il comprend les nuances, les négations.

VERS 3 ANS :

- Il comprend les questions « qui, où, comment ? ».
- Il dit « moi » pour « je ».
- Il ajoute des adjectifs, des adverbes et des prépositions dans ses phrases : il nuance.
- Il commence à conjuguer les verbes.
- Il demande « pourquoi ? » à tout bout de champ.
- Il commence à savoir compter.

*Avec mes remerciements à Sarah Boullu,
éducatrice de jeunes enfants en crèche
pour ses conseils et sa relecture.*

# TABLE DES MATIÈRES

# Dans la même collection

✳ **Mes P'tits Soins pour bébé**
Catherine Wrobel

✳ **Mes P'tits Jeux avec bébé**
Catherine Wrobel

✳ **Mes P'tites Listes de prénoms**
Dorothée Valante et Solène Fabre

✳ **Mes P'tits Repas pour bébé**
Damien Galtier

# mes p'tites activités avec bébé

# mes p'tites activités avec bébé

# mes p'tites activités avec bébé

# mes p'tites activités avec bébé

# mes p'tites activités avec bébé

# mes p'tites activités avec bébé

# mes p'tites activités avec bébé

# mes p'tites activités avec bébé

# mes p'tites activités avec bébé

# mes P'TITES ACTIVITÉS AVEC BÉBÉ

# mes p'tites activités avec bébé

# mes p'tites activités avec bébé

# mes p'tites activités avec bébé

# mes p'tites activités avec bébé

♥

# mes p'tites activités avec bébé

# mes p'tites activités avec bébé

♥

# mes p'tites activités avec bébé